Rețete Tem| Seitan pentru ,iecare masă

100 de rețete consistente, pline de proteine pentru o bucătărie vegană aromată

Mirela Dobrică

Somario

INTRODUCERE

Dacă doriți să vă amestecați sursele de proteine cu sursele de energie pe bază de plante, nu căutați mai departe decât Tofu ca opțiune vegană sau vegetariană ușor de gătit. Tofu este flexibil, din punct de vedere al gătitului. Acest lucru se datorează faptului că vine într-o varietate de texturi (în funcție de câtă apă este presată) și este destul de fadă. Deoarece este relativ lipsită de gust, prinde bine alte arome fără a concura cu ele.

Tofu, cunoscut și sub denumirea de cheag de fasole, este un aliment preparat prin coagularea laptelui de soia și apoi presarea cașului rezultat în blocuri solide albe de variată moliciune; poate fi mătăsos, moale, ferm, extra ferm sau super ferm. Dincolo de aceste categorii largi, există multe soiuri de tofu. Are o aromă subtilă, așa că poate fi folosit în mâncăruri sărate și dulci. Este adesea condimentat sau marinat pentru a se potrivi felului de mâncare și aromelor sale, iar datorită texturii sale spongioase absoarbe bine aromele.

Dacă nu ai mai lucrat niciodată cu el, gătitul tofu poate fi descurajantă. Dar odată ce înveți puțin despre asta, nu ar putea fi mai ușor să prepari bine tofu! Mai jos, veți găsi cele mai delicioase și ușoare rețete pe care le puteți găti ca un profesionist!

Sfaturi simple pentru a găti tofu:

- Asigurați-vă că selectați textura potrivită. În magazinele alimentare, variază de la mătăsos la ferm și extra-ferme. Tofu moale de mătase ar fi alegerea mea pentru amestecarea în deserturi sau tăierea în supă miso, dar dacă îl serviți ca fel principal sau îl acoperiți pe boluri, veți avea nevoie de extra-ferme. Are o textură mai consistentă, mai densă și un conținut mai mic de apă decât alte tipuri de tofu. Notă: prefer să cumpăr tofu organic făcut fără boabe de soia modificate genetic.

- Apăsați-l. Tofu conține multă apă și veți dori să stoarceți cea mai mare parte din ea, mai ales dacă îl coaceți, îl prăjiți la grătar sau îl prăjiți. Presele pentru tofu sunt disponibile în magazine, dar nu este necesar să aveți una. Puteți folosi un teanc de cărți sau pur și simplu faceți ceea ce fac eu și folosiți mâinile pentru a-l apăsa ușor într-un prosop de bucătărie sau prosoape de hârtie. (Ai grijă doar să nu împingi prea tare, altfel se va prăbuși!)

- Condiment. Ea. Sus. Există un motiv pentru care tofu devine flac pentru că este fad, și asta pentru că este! Asigurați-vă că îl asezonați bine. Îl puteți marina sau îl puteți pregăti folosind o rețetă de tofu copt crocant.

1. Caş de fasole cu sos de stridii

- 8 uncii caş de fasole
- 4 uncii ciuperci proaspete 6 cepe verzi
- 3 tulpini de telina
- ardei roşu sau verde
- linguri ulei vegetal 1/2 cană apă
- lingura amidon de porumb
- linguri sos de stridii 4 lingurite sherry uscat
- 4 lingurite sos de soia

Tăiați coagul de fasole în cuburi de 1/2 inch. Curățați ciupercile și tăiați-le în felii. Tăiați ceapa în bucăți de 1 inch. Tăiați țelina în felii diagonale de 1/2 inch. Scoateți semințele din piper și tăiați ardeiul în bucăți de 1/2 inch.

Încinge 1 lingură de ulei în wok la foc mare. Gătiți caș de fasole în ulei, amestecând ușor, până la culoarea maro deschis, 3 minute. Scoateți din tigaie.

Încălziți 1 lingură de ulei rămasă în wok la foc mare. Se adaugă ciupercile, ceapa, țelina și ardeiul, se prăjește timp de 1 minut.

Puneți coagul de fasole în wok. Se amestecă ușor pentru a se combina. Amestecați apa, amidonul de porumb, sosul de stridii, sherry și sosul de soia. Se toarnă peste amestec în wok. Gatiti si

se amestecă până când lichidul fierbe. Gatiti si amestecati inca 1 minut.

2. Tofu prăjit

- 1 bloc de tofu ferm
- ¼ cană amidon de porumb
- 4–5 căni de ulei pentru prăjire

Scurge tofu și taie-l cubulețe. Acoperiți cu amidon de porumb.

Adăugați ulei într-un wok preîncălzit și încălziți la 350 ° F. Când uleiul este fierbinte, adăugați pătratele de tofu și prăjiți până devin aurii. Scurgeți pe prosoape de hârtie.

Produce 2¾ cani

Acest shake gustos și nutritiv este un mic dejun ideal sau o gustare de după-amiază. Pentru un plus de aromă, adăugați fructe de pădure de sezon.

3. Caş de fasole fermentat cu spanac

- 5 cesti frunze de spanac
- 4 cuburi de cheag de fasole fermentat cu ardei iute
- Un praf de pudră cu cinci condimente (mai puțin de ⅛ linguriță)
- 2 linguri ulei pentru prajit
- 2 catei de usturoi, tocati

Albeşte spanacul scufundând scurt frunzele în apă clocotită. Scurgeţi bine.

Pisează cuburile de tofu fermentat şi amestecă cu pudra cu cinci condimente.

Adăugaţi ulei într-un wok sau o tigaie preîncălzită. Cand uleiul este incins adaugam usturoiul si calim putin pana devine aromat. Adăugaţi spanacul şi prăjiţi timp de 1-2 minute. Adăugaţi piureul de fasole în mijlocul wok-ului şi amestecaţi cu spanacul. Gatiti si serviti fierbinti.

4. Tofu înăbușit

- 1 kilogram carne de vită
- 4 ciuperci uscate
- 8 uncii de tofu presat
- 1 cană sos de soia ușor
- ¼ cană sos de soia închis
- ¼ cană vin de orez chinezesc sau sherry uscat
- 2 linguri ulei pentru prajit
- 2 felii de ghimbir
- 2 catei de usturoi, tocati
- 2 căni de apă
- 1 anason stelat

Tăiați carnea de vită în felii subțiri. Înmuiați ciupercile uscate în apă fierbinte timp de cel puțin 20 de minute pentru a se înmuia. Strângeți ușor pentru a elimina orice exces de apă și feliați.

Tăiați tofu-ul în cuburi de ½ inch. Combinați sosul de soia ușor, sosul de soia închis, vinul de orez Konjac, alb și maro și lăsați deoparte.

Adăugați ulei într-un wok sau o tigaie preîncălzită. Când uleiul este fierbinte, adăugați feliile de ghimbir și usturoiul și prăjiți puțin până devine aromat. Adăugați carnea de vită și gătiți până se rumenește. Înainte ca carnea de vită să se termine de gătit, adăugați cuburile de tofu și prăjiți pentru scurt timp.

Adăugați sosul și 2 căni de apă. Adăugați anasonul stelat. Se aduce la fierbere, apoi se reduce focul și se fierbe. Dupa 1 ora adaugam ciupercile uscate. Se fierbe încă 30 de minute sau până când lichidul scade. Dacă doriți, îndepărtați anasonul stelat înainte de servire.

5. Taitei chinezesti in sos de arahide si susan

- 1 lb. tăiței în stil chinezesc
- 2 linguri. ulei de susan închis

ÎMBSĂMÂNT:

- 6 linguri. unt de arahide 1/4 cană apă
- 3 linguri. sos de soia usor 6 linguri. sos de soia închis
- 6 linguri. tahini (pasta de susan)
- 1/2 cană ulei de susan închis 2 linguri. sherry
- 4 lingurite Oțet de vin de orez 1/4 cană miere
- 4 catei de usturoi medii, tocati
- 2 lingurite ghimbir proaspăt tocat
- 2-3 linguri. ulei de ardei iute (sau cantitatea dupa bunul plac) 1/2 cana apa fierbinte

Combinați fulgii de ardei roșu iute și uleiul într-o cratiță la foc mediu. Aduceți la fiert și opriți imediat focul. Se lasa sa se raceasca. Se strecoară într-un recipient mic de sticlă care poate fi sigilat. Se pune la frigider.

GARNITURĂ:

- 1 morcov, decojit
- 1/2 castravete mediu ferm, curățat, fără semințe și tăiat julien 1/2 cană alune prăjite, tocate grosier
- 2 cepe verde, feliate subțiri

Gătiți tăițeii într-o oală mare cu apă clocotită la foc mediu. Gatiti pana se inmoaie si inca ferm. Scurgeți imediat și clătiți cu apă rece până se răcește. Scurgeți bine și aruncați tăițeii cu (2 linguri) ulei de susan închis, astfel încât să nu se lipească.

Pentru dressing: combinați toate ingredientele cu excepția apei fierbinți într-un blender și amestecați până la omogenizare. Se subtiaza cu apa fierbinte pana la consistenta frisca pentru frisca.

Pentru garnitură, curățați pulpa de morcov în felii scurte de aproximativ 4" lungime. Puneți în apă cu gheață timp de 30 de minute pentru a se ondula. Chiar înainte de servire, amestecați tăițeii cu sos. Decorați cu castraveți, alune, ceapă verde și bucle de morcov. Serviți rece sau la temperatura camerei.

6. Taitei cu mandarina

- ciuperci chinezești uscate
- 1/2 kilogram de tăiței chinezești proaspeți 1/4 cană ulei de arahide
- lingura sos hoisin 1 lingura sos de fasole
- linguri Vin de orez sau sherry uscat 3 linguri sos de soia usor
- sau miere
- 1/2 cană lichid de înmuiat ciuperci rezervate 1 linguriță pastă de chili
- 1 lingura amidon de porumb
- 1/2 ardei gras rosu -- in cuburi de 1/2 inch
- 1/2 8 uncii muguri întregi de bambus, tăiați în 1/2 cuburi clătiți și scurși 2 căni de muguri de fasole
- ceapă verde -- feliată subțire

Înmuiați ciupercile chinezești în 1 1/4 cană de apă fierbinte timp de 30 de minute. În timp ce se înmoaie, aduceți 4 litri de apă la fiert și gătiți tăițeii timp de 3 minute. Scurgeți și amestecați cu 1 lingură de ulei de arahide; puse deoparte.

Scoateți ciupercile; se strecoară și se rezervă 1/2 cană din lichidul de înmuiat pentru sos. Trin și aruncați tulpinile de ciuperci; se toacă grosier capacele și se lasă deoparte.

Combinați ingredientele pentru sos într-un castron mic; puse deoparte. Dizolvați amidonul de porumb în 2 linguri de apă rece; puse deoparte.

Pune wok-ul la foc mediu-mare. Când începe să fumeze, adăugați restul de 3 linguri de ulei de arahide, apoi ciupercile, ardeiul roșu, lăstarii de bambus și mugurii de fasole. Se prăjește 2 minute.

Amestecați sosul și adăugați-l în wok și continuați să prăjiți până când amestecul începe să fiarbă, aproximativ 30 de secunde.

Amestecați amidonul de porumb dizolvat și adăugați-l în wok. Continuați să amestecați până când sosul se îngroașă, aproximativ 1 minut. Adăugați tăițeii și amestecați până se încălzesc, aproximativ 2 minute.

Se transferă pe un platou de servire și se stropește cu ceapă tăiată felii. Serviți Imediat

7. Caş de fasole cu sos de fasole şi tăiţei

- 8 uncii de tăiţei proaspeţi în stil Peking
- 1 bloc de tofu ferm de 12 uncii
- 3 tulpini mari bok choy SI 2 cepe verzi
- ⅓cană sos de soia închis
- 2 linguri sos de fasole neagra
- 2 linguriţe vin de orez chinezesc sau sherry uscat
- 2 lingurite otet negru de orez
- ¼ lingurita sare
- ¼ de linguriţă de pastă de chili cu usturoi
- 1 linguriţă ulei de ardei iute (pagina 23)
- ¼ lingurita ulei de susan

- ½ cană apă
- 2 linguri ulei pentru prajit
- 2 felii de ghimbir, tocate
- 2 catei de usturoi, tocati
- ¼ de ceapă roșie, tocată

Fierbeți tăiței în apă clocotită până sunt fragezi. Scurgeți bine. Scurge tofu și taie-l cubulețe. Se fierbe bok choy, scufundându-l pentru scurt timp în apă clocotită și scurgându-l bine. Separați tulpinile și frunzele. Tăiați ceapa verde pe diagonală în felii de 1 inch. Combinați sosul de soia închis, sosul de fasole neagră, vinul de orez Konjac, oțetul de orez negru, sare, pasta de chili cu usturoi, uleiul de ardei iute, uleiul de susan și apă. Pune deoparte.

Adăugați ulei într-un wok sau o tigaie preîncălzită. Când uleiul este fierbinte, adăugați ghimbirul, usturoiul și ceapa verde. Se prăjește scurt până devine aromat. Adăugați ceapa roșie și prăjiți scurt. Împingeți în sus în lateral și adăugați tulpinile de bok choy. Adăugați frunzele și prăjiți până când bok choy este un verde strălucitor și ceapa fragedă. Dacă doriți, asezonați cu ¼ de linguriță de sare

Adăugați sosul în mijlocul wok-ului și aduceți la fierbere. Adăugați tofu. Fierbeți câteva minute pentru a permite tofu-ului să absoarbă sosul. Adăugați tăiței. Se amestecă totul și se servește fierbinte.

8. Tofu umplut cu creveți

- ½ kilogram tofu ferm
- 2 uncii de creveți fierți, curățați și devenați
- ⅛lingurita sare
- Piper dupa gust
- ¼ linguriță amidon de porumb
- ½ cană supă de pui
- ½ linguriță vin de orez chinezesc sau sherry uscat
- ¼ cană apă
- 2 linguri sos de stridii
- 2 linguri ulei pentru prajit
- 1 ceapă verde, tăiată în bucăți de 1 inch

  Scurge tofu. Spălați creveții și uscați cu prosoape de hârtie. Marinați creveții în sare, piper și amidon de porumb timp de 15 minute.

Ţinând satarul paralel cu placa de tăiat, tăiaţi tofu în jumătate pe lungime. Tăiaţi fiecare jumătate în 2 triunghiuri, apoi tăiaţi fiecare triunghi în încă 2 triunghiuri. Acum ar trebui să aveţi 8 triunghiuri.

Tăiaţi o fante pe lungime pe o parte a tofu-ului. Îndesaţi ¼–½ linguriţă de creveţi în fantă.

Adăugaţi ulei într-un wok sau o tigaie preîncălzită. Când uleiul este fierbinte, adăugaţi tofu. Rumeniţi tofu aproximativ 3-4 minute, răsturnându-l cel puţin o dată şi asigurându-vă că nu se lipeşte de fundul wok-ului. Dacă vi s-au rămas creveţi, adăugaţi-i în ultimul minut de gătit.

Adăugaţi bulionul de pui, vinul de orez Konjac, apa şi sosul de stridii în mijlocul wok-ului. Se aduce la fierbere. Reduceţi focul, acoperiţi şi fierbeţi timp de 5-6 minute. Se amestecă ceapa verde. Se serveste fierbinte.

9. Caş de fasole cu legume din Szechwan

- 7 uncii (2 blocuri) caş de fasole presat
- ¼ de cană de legume conservate din Szechwan
- ½ cană supă sau bulion de pui
- 1 linguriţă vin de orez chinezesc sau sherry uscat
- ½ lingurita sos de soia
- 4–5 căni de ulei pentru prăjit

  Încălziţi cel puţin 4 căni de ulei într-un wok preîncălzit la 350 ° F. În timp ce aşteptaţi ca uleiul să se încălzească, tăiaţi coagul de fasole presat în cuburi de 1 inch. Tăiaţi legumele din Szechwan în cuburi. Combinaţi supa de pui şi vinul de orez şi lăsaţi deoparte.

  Când uleiul este fierbinte, adăugaţi cuburile de caş de fasole şi prăjiţi până devin maro deschis. Scoateţi din wok cu o lingură cu fantă şi lăsaţi deoparte.

Scoateți toate, cu excepția a 2 linguri de ulei din wok. Adăugați legumele din Szechwan conservate. Se prăjește timp de 1-2 minute, apoi se împinge pe partea laterală a wok-ului. Adăugați amestecul de bulion de pui în mijlocul wok-ului și aduceți la fierbere. Amestecați sosul de soia. Adăugați coagul de fasole presat. Se amestecă totul, se fierbe câteva minute și se servește fierbinte.

10. Tofu înăbușit cu trei legume

- 4 ciuperci uscate
- ¼ cană lichid de înmuiere pentru ciuperci rezervat
- ⅔ceașcă de ciuperci proaspete
- ½ cană supă de pui
- 1½ lingurita sos de stridii
- 1 linguriță vin de orez chinezesc sau sherry uscat
- 2 linguri ulei pentru prajit
- 1 cățel de usturoi, tocat
- 1 cană de morcovi pui, tăiați la jumătate

- 2 linguriţe de amidon de porumb amestecate cu 4 linguriţe de apă
- ¾ de kilogram de tofu presat, tăiat în cuburi de ½ inch

Înmuiaţi ciupercile uscate în apă fierbinte pentru cel puţin 20 de minute. Rezervaţi ¼ de cană de lichid de înmuiat. Tăiaţi felii ciupercile uscate şi proaspete.

Combinaţi lichidul de ciuperci rezervat, bulionul de pui, sosul de stridii şi vinul de orez Konjac. Pune deoparte.

Adăugaţi ulei într-un wok sau o tigaie preîncălzită. Când uleiul este fierbinte, se adaugă usturoiul şi se prăjeşte puţin până devine aromat. Adăugaţi morcovii. Se prăjeşte timp de 1 minut, apoi se adaugă ciupercile şi se prăjesc.

Adăugaţi sosul şi aduceţi la fierbere. Amestecaţi amestecul de amidon de porumb şi apă şi adăugaţi-l la sos, amestecând rapid pentru a se îngroaşa.

Adăugaţi cuburile de tofu. Se amestecă totul, se reduce focul şi se fierbe timp de 5-6 minute. Se serveste fierbinte.

11. Triunghiuri de tofu umplute cu carne de porc

- ½ kilogram tofu ferm
- ¼ de kilogram de carne de porc măcinată
- ⅛ lingurita sare
- Piper dupa gust
- ½ linguriță vin de orez chinezesc sau sherry uscat
- ½ cană supă de pui
- ¼ cană apă

- 2 linguri sos de stridii
- 2 linguri ulei pentru prajit
- 1 ceapă verde, tăiată în bucăți de 1 inch

Scurge tofu. Puneți carnea de porc măcinată într-un castron mediu. Adăugați sarea, piperul și vinul de orez Konjac. Marinați carnea de porc timp de 15 minute.

Ținând satarul paralel cu placa de tăiat, tăiați tofu în jumătate pe lungime. Tăiați fiecare jumătate în 2 triunghiuri, apoi tăiați fiecare triunghi în încă 2 triunghiuri. Acum ar trebui să aveți 8 triunghiuri.

Tăiați o fante pe lungime de-a lungul uneia dintre marginile fiecărui triunghi de tofu. Îndesați o grămadă ¼ de linguriță de carne de porc măcinată în fantă.

Adăugați ulei într-un wok sau o tigaie preîncălzită. Când uleiul este fierbinte, adăugați tofu. Dacă ți-a rămas carne de porc măcinată, adaugă-o și ea. Rumeniți tofu aproximativ 3-4 minute, răsturnându-l cel puțin o dată și asigurându-vă că nu se lipește de fundul wok-ului.

Adăugați bulionul de pui, apa și sosul de stridii în mijlocul wok-ului. Se aduce la fierbere. Reduceți căldura, acoperiți și fierbeți timp de 5-6 minute. Se amestecă ceapa verde. Se serveste fierbinte.

12. Clatite cu afine cu sirop

Face 4 până la 6 porții

1 cană apă clocotită
$^{1}/_{2}$ cană de merişoare uscate îndulcite
$^{1}/_{2}$ cană sirop de artar
$^{1}/_{4}$ cană suc proaspăt de portocale
$^{1}/_{4}$ cană portocală tocată
1 lingura margarina vegana
1 $^{1}/_{2}$ căni de făină universală
1 lingura zahar

1 lingura praf de copt
$^1/_2$ linguriță sare
1 $^1/_2$ căni de lapte de soia
$^1/_4$ cană tofu moale de mătase, scurs
1 lingură ulei de canola sau de sâmburi de struguri, plus
mai mult pentru prăjit

Într-un castron termorezistent, turnați apa clocotită
peste merișoare și lăsați deoparte să se înmoaie,
aproximativ 10 minute. Se scurge bine si se da
deoparte.
Într-o cratiță mică, combinați siropul de arțar, sucul de
portocale, portocala și margarina și încălziți la foc mic,
amestecând pentru a se topi margarina. Țineți de cald.
Preîncălziți cuptorul la 225°F.
Într-un castron mare, combinați făina, zahărul, praful de
copt și sarea și lăsați deoparte.

Într-un robot de bucătărie sau blender, combinați laptele
de soia, tofu și uleiul până se omogenizează bine.

Turnați ingredientele umede în ingredientele uscate și
amestecați cu câteva mișcări rapide. Încorporați
merișoarele înmuiate.

Pe o tigaie sau o tigaie mare, încălziți un strat subțire de
ulei la foc mediu-mare. Se pune $^1/_4$ cană la $^1/_3$ cană

aluatul pe grătarul fierbinte. Gatiti pana cand apar bule
mici deasupra, 2-3 minute. Întoarceți clătitele și gătiți
până când a doua parte se rumenește, cu aproximativ 2
minute mai mult. Transferați clătitele gătite pe un
platou rezistent la căldură și păstrați-le calde în cuptor
în timp ce gătiți restul. Serviți cu sirop de portocale-
arțar.

13. Tofu glazut cu soia

Face 4 portii

- 1 kilogram de tofu extra ferm, scurs, tăiat în felii de $^1/_2$ inch și presat
- $^1/_4$ cană ulei de susan prăjit
- $^1/_4$ cană oțet de orez
- 2 lingurite de zahar

Se usucă tofu şi se aranjează într-o tavă de copt de 9 x 13 inci şi se pune deoparte.

Într-o cratiţă mică, combinaţi sosul de soia, uleiul, oţetul şi zahărul şi aduceţi la fiert. Se toarnă marinada fierbinte pe tofu şi se lasă deoparte la marinat 30 de minute, întorcându-le o dată.

Preîncălziţi cuptorul la 350°F. Coaceţi tofu timp de 30 de minute, întorcându-l o dată la jumătate. Se serveste imediat sau se lasa sa se raceasca la temperatura camerei, apoi se acopera si se da la frigider pana la nevoie.

14. Tofu în stil cajun

Face 4 portii

- 1 kilogram de tofu extra ferm, scurs și uscat
- Sare
- 1 lingura plus 1 lingurita condiment cajun
- 2 linguri ulei de masline
- $^{1}/_{4}$ cană ardei gras verde tocat
- 1 lingura telina tocata
- 2 linguri ceapa verde tocata

- 2 catei de usturoi, tocati
- 1 cutie (14,5 uncii) de roșii tăiate cubulețe, scurse
- 1 lingura sos de soia
- 1 lingura patrunjel proaspat tocat

Tăiați tofu-ul în felii groase de $^1/_2$ inch și stropiți ambele părți cu sare și 1 lingură de condiment cajun. Pune deoparte.

Într-o cratiță mică, încălziți 1 lingură de ulei la foc mediu. Adăugați ardeiul gras și țelina. Acoperiți și gătiți timp de 5 minute. Adăugați ceapa verde și usturoiul și gătiți, neacoperit, încă 1 minut. Se amestecă roșiile, sosul de soia, pătrunjelul, restul de 1 linguriță de amestec de condimente Cajun și sare după gust. Fierbeți timp de 10 minute pentru a se amesteca aromele și lăsați deoparte.

Într-o tigaie mare, încălziți 1 lingură de ulei rămasă la foc mediu-mare. Adăugați tofu și gătiți până se rumenește pe ambele părți, aproximativ 10 minute. Adăugați sosul și fierbeți 5 minute. Serviți imediat.

15. Tofu crocant cu sos de capere

Face 4 portii

- 1 kilogram de tofu extra ferm, scurs, tăiat în felii de $^1/_4$ inch și presat
- Sare și piper negru proaspăt măcinat
- 2 linguri ulei de masline, plus mai mult daca este nevoie
- 1 șalotă medie, tocată
- 2 linguri capere
- 3 linguri patrunjel proaspat tocat
- 2 linguri margarina vegana
- Suc de 1 lămâie

Preîncălziți cuptorul la 275°F. Se usucă tofu și se asezonează cu sare și piper după gust. Puneți amidonul de porumb într-un castron puțin adânc. Trageți tofu în amidon de porumb, acoperind toate părțile.

Într-o tigaie mare, încălziți 2 linguri de ulei la foc mediu. Adăugați tofu, în șarje, dacă este necesar, și gătiți până se rumenește pe ambele părți, aproximativ 4 minute pe fiecare parte. Transferați tofu-ul prăjit pe un platou termorezistent și păstrați-l cald în cuptor.

În aceeași tigaie, încălziți restul de 1 lingură de ulei la foc mediu. Adăugați șalota și gătiți până se înmoaie, aproximativ 3 minute. Adăugați caperele și pătrunjelul și gătiți timp de 30 de secunde, apoi adăugați margarina, sucul de lămâie, sare și piper după gust, amestecând pentru a se topi și încorporați margarina. Acoperiți tofu cu sos de capere și serviți imediat.

16. Tofu prajit la țară cu sos auriu

Face 4 portii

- 1 kilogram de tofu extra ferm, scurs, tăiat în felii de $^1/_2$ inch și presat
- Sare și piper negru proaspăt măcinat
- $^1/_3$ cană amidon de porumb
- 2 linguri ulei de masline
- 1 ceapa galbena medie dulce, tocata
- 2 linguri de făină universală
- 1 lingurita de cimbru uscat
- $^1/_8$ linguriță turmeric
- 1 cană bulion de legume, de casă (vezi bulion de legume ușoare) sau cumpărat din magazin
- 1 lingura sos de soia
- 1 cană de năut fiert sau conservat, scurs și clătit

- 2 linguri patrunjel proaspat tocat, pentru ornat

Se usucă tofu şi se condimentează cu sare şi piper după gust. Puneţi amidonul de porumb într-un castron puţin adânc. Trageţi tofu în amidon de porumb, acoperind toate părţile. Preîncălziţi cuptorul la 250°F.

Într-o tigaie mare, încălziţi 2 linguri de ulei la foc mediu. Adăugaţi tofu, în şarje dacă este necesar, şi gătiţi până se rumeneşte pe ambele părţi, aproximativ 10 minute. Transferaţi tofu-ul prăjit pe un platou termorezistent şi păstraţi-l cald în cuptor.

În aceeaşi tigaie, încălziţi restul de 1 lingură de ulei la foc mediu. Adăugaţi ceapa, acoperiţi şi gătiţi până se înmoaie, 5 minute. Descoperiţi şi reduceţi căldura la minim. Se amestecă făina, cimbrul şi turmeric şi se fierbe timp de 1 minut, amestecând constant. Se amestecă încet bulionul, apoi laptele de soia şi sosul de soia. Adăugaţi năutul şi asezonaţi cu sare şi piper după gust. Continuaţi să gătiţi, amestecaţi des, timp de 2 minute. Se transferă într-un blender şi se procesează până devine omogen şi cremos. Se intoarce in cratita si se incinge pana se incinge, adaugand putin bulion daca sosul este prea gros. Se pune sosul peste tofu si se presara patrunjel. Serviţi imediat.

17. Tofu glazurat cu portocale și sparanghel

Face 4 portii

- 2 linguri mirin
- 1 lingura amidon de porumb
- 1 pachet (16 uncii) de tofu extra ferm, scurs și tăiat în fâșii de $^1/_{4\,inch}$
- 2 linguri sos de soia
- 1 lingurita ulei de susan prajit
- 1 lingurita zahar
- $^1/_4$ linguriță pasta de chili asiatic
- 2 linguri ulei de canola sau de sâmburi de struguri
- 1 cățel de usturoi, tocat
- $^1/_2$ linguriță de ghimbir proaspăt tocat
- 5 uncii sparanghel subțire, capetele dure tăiate și tăiate în bucăți de 1 $^1/_{2\,inch}$

Într-un castron puțin adânc, combinați mirinul și amidonul de porumb și amestecați bine. Adăugați tofu și amestecați ușor pentru a se acoperi. Se da deoparte la marinat timp de 30 de minute.

Într-un castron mic, combinați sucul de portocale, sosul de soia, uleiul de susan, zahărul și pasta de chili. Pune deoparte.

Într-o tigaie mare sau wok, încălziți uleiul de canola la foc mediu. Adăugați usturoiul și ghimbirul și prăjiți până se simte parfumat, aproximativ 30 de secunde. Adăugați tofu marinat și sparanghelul și prăjiți până când tofu este maro auriu și sparanghelul este doar fraged, aproximativ 5 minute. Se amestecă sosul și se mai fierbe aproximativ 2 minute. Serviți imediat.

18. Pizzaiola cu tofu

Face 4 portii

- 2 linguri ulei de masline
- 1 pachet de tofu extra ferm, scurs, tăiat în felii de $^1/_2$ inch şi presat (vezi bulion uşor de legume)
- Sare
- 3 catei de usturoi, tocati
- 1 cutie (14,5 uncii) de roşii tăiate cubuleţe, scurse
- $^1/_4$ cană de roşii uscate la soare umplute cu ulei, tăiate în fâşii de $^1/_{4\,inch}$
- 1 lingura capere
- 1 lingurita oregano uscat
- $^1/_2$ linguriţă zahăr

- Piper negru proaspăt măcinat
- 2 linguri patrunjel proaspat tocat, pentru ornat

Preîncălziți cuptorul la 275°F. Într-o tigaie mare, încălziți 1 lingură de ulei la foc mediu. Adăugați tofu și gătiți până se rumenesc pe ambele părți, întorcându-l o dată, aproximativ 5 minute pe fiecare parte. Se presară tofu cu sare după gust. Transferați tofu-ul prăjit pe un platou termorezistent și păstrați-l cald în cuptor.

În aceeași tigaie, încălziți restul de 1 lingură de ulei la foc mediu. Adăugați usturoiul și gătiți până se înmoaie, aproximativ 1 minut. Nu rumeniți. Se amestecă roșiile tăiate cubulețe, roșiile uscate la soare, măslinele și caperele. Adăugați oregano, zahăr, sare și piper după gust. Se fierbe până când sosul este fierbinte și aromele sunt bine combinate, aproximativ 10 minute. Acoperiți feliile de tofu prăjit cu sos și stropiți cu pătrunjel. Serviți imediat.

19. Tofu „Ka-Pow".

Face 4 portii

- 1 kilogram de tofu extra ferm, scurs, uscat cu palme şi tăiat în cuburi de 1 inch
- Sare
- 2 linguri amidon de porumb
- 2 linguri sos de soia
- 1 lingura sos vegetarian de stridii

- 2 linguriţe Nothin' Fishy Nam Pla sau 1 linguriţă oţet de orez
- 1 lingurita zahar brun deschis
- $^{1}/_{2}$ linguriţă de ardei roşu măcinat
- 2 linguri ulei de canola sau de sâmburi de struguri
- 1 ceapă galbenă medie dulce, tăiată în jumătate şi tăiată în felii de $^{1}/_{2}$ inch
- ardei gras roşu mediu, tăiat în felii de $^{1}/_{4\,\text{inch}}$
- ceapa verde, tocata
- $^{1}/_{2}$ cană frunze de busuioc thailandez

Într-un castron mediu, combinaţi tofu, sare după gust şi amidon de porumb. Se amestecă pentru a acoperi şi se pune deoparte.

Într-un castron mic, combinaţi sosul de soia, sosul de stridii, nam pla, zahărul şi ardeiul roşu zdrobit. Se amestecă bine pentru a se combina şi se pune deoparte.

Într-o tigaie mare, încălziţi 1 lingură de ulei la foc mediu-mare. Adăugaţi tofu şi gătiţi până devine auriu, aproximativ 8 minute. Scoateţi din tigaie şi lăsaţi deoparte.

În aceeaşi tigaie, încălziţi restul de 1 lingură de ulei la foc mediu. Se adaugă ceapa şi ardeiul gras şi se prăjesc până se înmoaie, aproximativ 5 minute. Adăugaţi ceapa verde şi gătiţi încă 1 minut. Se amestecă tofu prăjit, sosul şi busuiocul şi se prăjesc până se încinge, aproximativ 3 minute. Serviţi imediat.

20. Tofu în stil sicilian

Face 4 portii

- 2 linguri ulei de masline
- 1 kilogram de tofu extra ferm, scurs, tăiat în felii de $^1/_4$ inch și presat Sare și piper negru proaspăt măcinat
- 1 ceapa galbena mica, tocata
- 2 catei de usturoi, tocati
- 1 cutie (28 uncii) de roșii tăiate cubulețe, scurse
- $^1/_4$ cană vin alb sec
- $^1/_4$ linguriță de ardei roșu măcinat
- $^1/_3$ cană măsline Kalamata fără sâmburi
- 1 $^1/_2$ linguri capere
- 2 linguri busuioc proaspat tocat sau 1 lingurita uscat (optional)

Preîncălziți cuptorul la 250°F. Într-o tigaie mare, încălziți 1 lingură de ulei la foc mediu. Adăugați tofu, în șarje dacă este necesar, și gătiți până se rumenește pe ambele părți, câte 5 minute pe parte. Se condimenteaza cu sare si piper negru dupa gust. Transferați tofuul gătit pe un platou rezistent la căldură și păstrați-l cald în cuptor în timp ce pregătiți sosul.

În aceeași tigaie, încălziți restul de 1 lingură de ulei la foc mediu. Adăugați ceapa și usturoiul, acoperiți și gătiți până ce ceapa se înmoaie, 10 minute. Adăugați roșiile, vinul și ardeiul roșu măcinat. Se aduce la fierbere, apoi se reduce focul la mic și se fierbe, neacoperit, timp de 15 minute. Se amestecă măslinele și caperele. Gatiti inca 2 minute.

Aranjați tofu pe un platou sau pe farfurii individuale. Se pune sosul deasupra. Presarati busuioc proaspat, daca folositi. Serviți imediat.

21. Thai-Phoon Stir-Fry

Face 4 portii

- 1 kilogram de tofu extra ferm, scurs şi bătut dr
- 2 linguri ulei de canola sau de sâmburi de struguri
- şalotă medie, tăiată în jumătate pe lungime şi tăiată în felii de $^1/_{8\,inch}$
- 2 catei de usturoi, tocati
- 2 linguriţe de ghimbir proaspăt ras
- 3 uncii capace de ciuperci albe, clătite uşor, uscate şi tăiate în felii de $^1/_{2\,inch}$
- 1 lingura unt de arahide cremos
- 2 lingurite de zahar brun deschis
- 1 lingurita pasta de chili asiatic
- 2 linguri sos de soia

- 1 lingura mirin
- 1 cutie (13,5 uncii) de lapte de cocos neîndulcit
- 6 uncii spanac proaspăt tocat
- 1 lingura ulei de susan prajit
- Orez sau tăiței proaspăt gătiți, de servit
- 2 linguri de busuioc thailandez proaspăt sau coriandru tocat mărunt
- 2 linguri alune prăjite nesărate zdrobite
- 2 lingurite de ghimbir cristalizat tocat (optional)

Tăiați tofu-ul în cubulețe de $1/2$ inch și puneți deoparte. Într-o tigaie mare, încălziți peste 1 lingură de ulei foc mediu-mare. Adăugați tofu și prăjiți până când devine auriu, aproximativ 7 minute. Scoateți tofu-ul din tigaie și lăsați-l deoparte.

În aceeași tigaie, încălziți restul de 1 lingură de ulei la foc mediu. Adaugă eșalota, usturoiul, ghimbirul și ciupercile și se prăjește până se înmoaie, aproximativ 4 minute.

Se amestecă untul de arahide, zahărul, pasta de chili, sosul de soia și mirinul. Se amestecă laptele de cocos și se amestecă până se omogenizează bine. Adăugați tofu prăjit și spanacul și aduceți la fiert. Reduceți focul la mediu-scăzut și fierbeți, amestecând din când în când, până când spanacul se ofilește și aromele sunt bine amestecate, 5 până la 7 minute. Se amestecă uleiul de susan și se fierbe încă un minut. Pentru a servi, puneți amestecul de tofu pe orez sau tăiței la alegere și acoperiți cu nucă de cocos, busuioc, alune și ghimbir cristalizat, dacă folosiți. Serviți imediat.

22. Tofu copt pictat cu Chipotle

Face 4 portii

- 2 linguri sos de soia
- 2 conserve de ardei iute chipotle in adobo
- 1 lingura ulei de masline
- 1 kilogram de tofu extra ferm, scurs, tăiat în felii groase de $^1/_2$ inch și presat (vezi Bulion de legume ușoare)

Preîncălziți cuptorul la 375°F. Unge ușor o tavă de copt de 9 x 13 inci și pune deoparte.

Într-un robot de bucătărie, combinați sosul de soia, chipotles-ul și uleiul și procesați până se omogenizează. Răzuiți amestecul de chipotle într-un castron mic.

Ungeți amestecul de chipotle pe ambele părți ale feliilor de tofu și aranjați-le într-un singur strat în tava pregătită. Coaceți până se încinge, aproximativ 20 de minute. Serviți imediat.

23. Tofu la grătar cu glazură de tamarind

Face 4 portii

- 1 kilogram de tofu extra ferm, scurs şi uscat
- Sare şi piper negru proaspăt măcinat
- 2 linguri ulei de masline
- 2 salote medii, tocate
- 2 catei de usturoi, tocati
- 2 rosii coapte, tocate grosier
- 2 linguri de ketchup
- $1/4$ cană apă
- 2 linguri muştar de Dijon
- 1 lingura zahar brun inchis
- 2 linguri nectar de agave
- 2 linguri concentrat de tamarind
- 1 lingură melasă închisă la culoare
- $1/2$ linguriţă cayenne măcinate

- 1 lingura boia afumata
- 1 lingura sos de soia

Tăiați tofu-ul în felii de 1 inch, asezonați cu sare și piper după gust și puneți deoparte într-o tavă de copt puțin adâncă.

Într-o cratiță mare, încălziți uleiul la foc mediu. Se adaugă eșalota și usturoiul și se călesc timp de 2 minute. Adăugați toate ingredientele rămase, cu excepția tofu-ului. Reduceți focul la mic și fierbeți timp de 15 minute. Transferați amestecul într-un blender sau robot de bucătărie și amestecați până la omogenizare. Reveniți în cratiță și gătiți încă 15 minute, apoi lăsați deoparte să se răcească. Se toarnă sosul peste tofu și se dă la frigider pentru cel puțin 2 ore. Preîncălziți un grătar sau un broiler.

Tofu marinat la grătar, întorcându-l o dată, să se încălzească și să se rumenească frumos pe ambele părți. În timp ce tofu este la grătar, reîncălziți marinada într-o cratiță. Scoateți tofu-ul de pe grătar, ungeți fiecare parte cu sosul de tamarind și serviți imediat.

24. Tofu Umplut Cu Nasturel

Face 4 portii

- 1 kilogram de tofu extra ferm, scurs, tăiat în felii de ¾ inch și presat (vezi bulion ușor de legume)
- Sare și piper negru proaspăt măcinat
- 1 buchet mic de nasturel, tulpinile dure îndepărtate și tocate
- 2 rosii prune coapte, tocate
- $^1/_2$ cană ceapă verde tocată
- 2 linguri patrunjel proaspat tocat
- 2 linguri busuioc proaspat tocat
- 1 lingurita de usturoi tocat
- 2 linguri ulei de masline
- 1 lingura otet balsamic
- Ciupiți zahăr
- $^1/_2$ cană făină universală

- $^1/_2$ cană apă
- 1 $^1/_2$ căni de pesmet uscat necondimentat

Tăiați un buzunar lung și adânc în fiecare felie de tofu și puneți tofu-ul pe o tavă de copt. Se condimenteaza cu sare si piper dupa gust si se lasa deoparte.

Într-un castron mare, combinați cresonul, roșiile, ceapa verde, pătrunjelul, busuiocul, usturoiul, 2 linguri de ulei, oțetul, zahărul și sare și piper după gust.
Amestecați până se omogenizează bine, apoi umpleți cu grijă amestecul în buzunarele de tofu.

Puneți făina într-un vas puțin adânc. Turnați apa într-un vas separat, puțin adânc. Pune pesmetul pe o farfurie mare. Trageți tofu în făină, apoi scufundați-l cu grijă în apă, apoi treceți-l în pesmet, acoperindu-l bine.

Într-o tigaie mare, încălziți restul de 2 linguri de ulei la foc mediu. Adăugați tofu umplut în tigaie și gătiți până se rumenește, întorcându-l o dată, 4 până la 5 minute pe fiecare parte. Serviți imediat.

25. Tofu cu Fistic-Rodie

Face 4 portii

- 1 kilogram de tofu extra ferm, scurs, tăiat în felii de $^1/_4$ inch și presat (vezi Bulion de legume ușoare)
- Sare și piper negru proaspăt măcinat
- 2 linguri ulei de masline
- $^1/_2$ cană suc de rodie
- 1 lingura otet balsamic
- 1 lingura zahar brun deschis
- 2 cepe verde, tocate
- $^1/_2$ cană fistic decojiți fără sare, tocat grosier
- Asezonați tofu-ul cu sare și piper după gust.

Într-o tigaie mare, încălziți uleiul la foc mediu. Adăugați feliile de tofu, în loturi, dacă este necesar, și gătiți până se rumenesc ușor, aproximativ 4 minute pe parte. Scoateți din tigaie și lăsați deoparte.

În aceeași tigaie, adăugați sucul de rodie, oțetul, zahărul și ceapa verde și fierbeți la foc mediu, timp de 5 minute. Adăugați jumătate din fistic și gătiți până când sosul se îngroașă ușor, aproximativ 5 minute.

Întoarceți tofuul prăjit în tigaie și gătiți până se fierbinte, aproximativ 5 minute, punând sosul peste tofu în timp ce fierbe. Se serveste imediat, presarat cu restul de fistic.

26. Tofu din Insula Mirodeniilor

Face 4 portii

- $^1/_2$ cană amidon de porumb
- $^1/_2$ linguriță de cimbru proaspăt tocat sau $^1/_4$ linguriță uscat
- $^1/_2$ linguriță maghiran proaspăt tocat sau $^1/_4$ linguriță uscat
- $^1/_2$ linguriță sare
- $^1/_4$ linguriță cayenne măcinate
- $^1/_4$ lingurita boia dulce sau afumata
- $^1/_4$ lingurita zahar brun deschis
- $^1/_8$ linguriță de ienibahar măcinat
- 1 kilogram de tofu extra ferm, scurs şi tăiat în fâşii de $^1/_2$ inch
- 2 linguri ulei de canola sau de sâmburi de struguri
- 1 ardei gras roşu mediu, tăiat în fâşii de $^1/_4$ inch
- 2 cepe verde, tocate
- 1 catei de usturoi, tocati
- 1 jalapeño, fără seminţe şi tocat
- 2 rosii prune coapte, fara samburi si tocate

- 1 cană de ananas proaspăt sau conservat tocat
- 2 linguri sos de soia
- $^1/_4$ cană apă
- 2 lingurite suc proaspat de lamaie
- 1 lingura patrunjel proaspat tocat, pentru garnitura

Într-un castron puțin adânc, combinați amidonul de porumb, cimbrul, maghiranul, sarea, cayenne, boia de ardei, zahărul și ienibaharul. Se amestecă bine. Trageți tofu în amestecul de condimente, acoperindu-l pe toate părțile. Preîncălziți cuptorul la 250°F.

Într-o tigaie mare, încălziți 2 linguri de ulei la foc mediu. Adăugați tofu dragat, în șarje dacă este necesar și gătiți până se rumenește, aproximativ 4 minute pe parte. Transferați tofu-ul prăjit pe un platou termorezistent și păstrați-l cald în cuptor.

În aceeași tigaie, încălziți restul de 1 lingură de ulei la foc mediu. Adăugați ardeiul gras, ceapa verde, usturoiul și jalapeño. Acoperiți și gătiți, amestecând din când în când, până se înmoaie, aproximativ 10 minute. Adăugați roșiile, ananasul, sosul de soia, apa și sucul de lămâie și fierbeți până când amestecul este fierbinte și aromele s-au combinat, aproximativ 5 minute. Turnați amestecul de legume peste r tofu prajit. Se presara patrunjel tocat si se serveste imediat.

27. Tofu cu ghimbir cu sos citrice-hoisin

Face 4 portii

- 1 kg de tofu extra ferm, scurs, uscat cu palme şi tăiat în cuburi de $^1/_{2\,inch}$
- 2 linguri sos de soia
- 2 linguri plus 1 lingurita amidon de porumb
- 1 lingură plus 1 linguriţă ulei de canola sau de sâmburi de struguri
- 1 lingurita ulei de susan prajit
- 2 linguriţe de ghimbir proaspăt ras
- ceapa verde, tocata
- $^1/_3$ cană sos hoisin
- $^1/_2$ cană bulion de legume, de casă (vezi bulion uşor de legume) sau cumpărat din magazin
- $^1/_4$ cană suc proaspăt de portocale
- 1 $^1/_2$ linguri suc proaspăt de lămâie

- 1 $1/_2$ linguri suc proaspăt de lămâie
- Sare și piper negru proaspăt măcinat

Puneți tofu într-un castron puțin adânc. Adăugați sosul de soia și amestecați pentru a acoperi, apoi stropiți cu 2 linguri de amidon de porumb și amestecați pentru a acoperi.

Într-o tigaie mare, încălziți 1 lingură de ulei de canola la foc mediu. Adăugați tofu și gătiți până când devine auriu, întorcându-l ocazional, aproximativ 10 minute. Scoateți tofu-ul din tigaie și lăsați-l deoparte.

În aceeași tigaie, încălziți restul de 1 linguriță de ulei de canola și uleiul de susan la foc mediu. Adăugați ghimbirul și ceapa verde și gătiți până se parfumează, aproximativ 1 minut. Amestecați sosul hoisin, bulionul și sucul de portocale și aduceți la fiert. Gatiti pana cand lichidul se reduce putin si aromele au sansa sa se topeasca, aproximativ 3 minute. Într-un castron mic, combinați 1 linguriță de amidon de porumb rămasă cu sucul de lămâie și sucul de lămâie și adăugați la sos, amestecând pentru a se îngroașa ușor. Se condimenteaza cu sare si piper dupa gust.

Întoarceți tofuul prăjit în tigaie și gătiți până când este acoperit cu sos și încălzit. Serviți imediat.

28. Tofu cu lemongrass şi mazăre de zăpadă

Face 4 portii

- 2 linguri ulei de canola sau de sâmburi de struguri
- 1 ceapă roşie medie, tăiată în jumătate şi feliată subţire
- 2 catei de usturoi, tocati
- 1 lingurita de ghimbir proaspat ras
- 1 kilogram de tofu extra ferm, scurs şi tăiat cubuleţe de $^1/_2$ inch
- 2 linguri sos de soia
- 1 lingură mirin sau sake
- 1 lingurita zahar

- $^1/_2$ linguriță de ardei roșu măcinat
- 4 uncii de mazăre de zăpadă, tăiată
- 1 lingură lemongrass tocată sau coaja de 1 lămâie
- 2 linguri de arahide prajite nesarate macinate grosier, pentru garnitura

Într-o tigaie mare sau wok, încălziți uleiul la foc mediu-mare. Adăugați ceapa, usturoiul și ghimbirul și prăjiți timp de 2 minute. Adăugați tofu și gătiți până devine auriu, aproximativ 7 minute.

Se amestecă sosul de soia, mirinul, zahărul și ardeiul roșu măcinat. Adăugați mazărea de zăpadă și iarba de lămâie și prăjiți până când mazărea de zăpadă este crocantă, fragedă și aromele sunt bine amestecate, aproximativ 3 minute. Se ornează cu alune și se servește imediat.

29. Tofu cu susan dublu cu sos Tahini

Face 4 portii

- $^1/_2$ cană tahini (pastă de susan)
- 2 linguri suc proaspăt de lămâie
- 2 linguri sos de soia
- 2 linguri de apa
- $^1/_4$ cană de seminţe de susan alb
- $^1/_4$ cană seminţe de susan negru
- $^1/_2$ cană amidon de porumb
- 1 kilogram de tofu extra ferm, scurs, uscat cu palme şi tăiat în fâşii de $^1/_{2\,inch}$
- Sare şi piper negru proaspăt măcinat
- 2 linguri ulei de canola sau de sâmburi de struguri

Într-un castron mic, combinați tahini, sucul de lămâie, sosul de soia și apa, amestecând pentru a se amesteca bine. Pune deoparte.

Într-un castron puțin adânc, combinați semințele de susan alb și negru și amidonul de porumb, amestecând pentru a se amesteca. Asezonați tofu-ul cu sare și piper după gust. Pune deoparte.

Într-o tigaie mare, încălziți uleiul la foc mediu. Trageți tofu în amestecul de semințe de susan până când este bine acoperit, apoi adăugați-l în tigaia fierbinte și gătiți până se rumenește și devine crocant peste tot, întorcându-se după cum este necesar, 3 până la 4 minute pe fiecare parte. Aveți grijă să nu ardeți semințele. Stropiți cu sos tahini și serviți imediat.

30. Tofu și tocană Edamame

Face 4 portii

- 2 linguri ulei de masline
- 1 ceapa galbena medie, tocata
- $^1/_2$ cană țelină tocată
- 2 catei de usturoi, tocati
- 2 cartofi Yukon Gold medii, decojiți și tăiați cubulețe de $^1/_2$ inch
- 1 cană edamame proaspăt sau congelat decojit
- 2 cani de dovlecei decojiti si taiati cubulete
- $^1/_2$ cană baby mazăre congelată
- 1 lingurita cimentar uscat
- $^1/_2$ linguriță de salvie uscată mărunțită
- $^1/_8$ linguriță cayenne măcinate
- 1 $^1/_2$ cani de bulion de legume, de casa (vezi bulion de legume usor) sau cumparat din magazin Sare si piper negru proaspat macinat

- 1 kilogram de tofu extra-ferme, scurs, uscat și tăiat cubulețe de $1/2$ inch
- 2 linguri patrunjel proaspat tocat

Într-o cratiță mare, încălziți 1 lingură de ulei la foc mediu. Adăugați ceapa, țelina și usturoiul. Acoperiți și gătiți până se înmoaie, aproximativ 10 minute. Amestecați cartofii, edamame, dovlecelul, mazărea, cimentul, salvie și cayenne. Adăugați bulionul și aduceți la fiert. Reduceți focul la mic și asezonați cu sare și piper după gust. Acoperiți și fierbeți până când legumele sunt fragede și aromele sunt amestecate, aproximativ 40 de minute.

Într-o tigaie mare, încălziți restul de 1 lingură de ulei la foc mediu-mare. Adăugați tofu și gătiți până devine auriu, aproximativ 7 minute. Se condimenteaza cu sare si piper dupa gust si se lasa deoparte. Cu aproximativ 10 minute înainte ca tocana să se termine de gătit, adăugați tofu prăjit și pătrunjelul. Gustați, ajustând condimentele dacă este necesar și serviți imediat.

31. Cotlet de vis de soia-tan

Face 6 portii

- 10 uncii de tofu ferm, scurs și mărunțit
- 2 linguri sos de soia
- $^1/_4$ linguriță boia dulce
- $^1/_4$ lingurita praf de ceapa
- $^1/_4$ linguriță pudră de usturoi
- $^1/_4$ linguriță piper negru proaspăt măcinat
- 1 cană făină de gluten de grâu (gluten vital de grâu)
- 2 linguri ulei de masline

Într-un robot de bucătărie, combinați tofu, sosul de soia, boia de ardei, praful de ceapă, pudra de usturoi, ardeiul și făina. Procesați până se amestecă bine. Transferați amestecul pe o suprafață de lucru plană și modelați într-un cilindru. Împărțiți amestecul în 6 bucăți egale și aplatizați-le în cotlet foarte subțiri, de cel mult $1/4$-inch grosime. (Pentru a face acest lucru, așezați fiecare cotlet între două bucăți de hârtie cerată, folie de folie sau hârtie de pergament și rulați cu un sucitor.)

Într-o tigaie mare, încălziți uleiul la foc mediu. Adăugați cotleturile, în loturi dacă este necesar, acoperiți și gătiți până se rumenesc frumos pe ambele părți, 5 până la 6 minute pe fiecare parte. Cotleturile sunt acum gata de utilizare în rețete sau servite imediat, acoperite cu un sos.

32. Pâinea mea de carne

Face 4 până la 6 porții

- 2 linguri ulei de masline
- $^2/_3$ cană ceapă tocată
- 2 catei de usturoi, tocati
- 1 kilogram de tofu extra ferm, scurs și uscat
- 2 linguri de ketchup

- 2 linguri tahini (pasta de susan) sau unt de arahide cremos
- 2 linguri sos de soia
- $^{1}/_{2}$ cană nuci măcinate
- 1 cană de ovăz de modă veche
- 1 cană făină de gluten de grâu (gluten vital de grâu)
- 2 linguri patrunjel proaspat tocat
- $^{1}/_{2}$ linguriță sare
- $^{1}/_{2}$ linguriță boia dulce
- $^{1}/_{4}$ linguriță piper negru proaspăt măcinat

Preîncălziți cuptorul la 375°F. Unge ușor o tavă de 9 inci și pune deoparte. Într-o tigaie mare, încălziți 1 lingură de ulei la foc mediu. Adăugați ceapa și usturoiul, acoperiți și gătiți până se înmoaie, 5 minute.

Într-un robot de bucătărie, combinați tofu, ketchup-ul, tahini și sosul de soia și procesați până la omogenizare. Adăugați amestecul de ceapă rezervat și toate ingredientele rămase. Pulsați până se combină bine, dar cu puțină textură rămasă.

Răzuiți amestecul în tava pregătită. Apăsați bine amestecul în tigaie, netezind blatul. Coaceți până când sunt tari și aurii, aproximativ 1 oră. Lăsați să stea 10 minute înainte de a tăia felii.

33. Pâine prăjită franțuzească foarte vanilie

Face 4 portii

1 pachet (12 uncii) de tofu ferm mătăsos, scurs
1 $^1/_2$ căni de lapte de soia
2 linguri amidon de porumb
1 lingură ulei de canola sau de sâmburi de struguri
2 lingurite de zahar
1 $^1/_2$ lingurițe extract pur de vanilie
$^1/_4$ linguriță sare
4 felii de pâine italiană veche de o zi
Ulei de canola sau sâmburi de struguri, pentru prăjit

Preîncălziți cuptorul la 225°F. Într-un blender sau robot de bucătărie, combinați tofu, laptele de soia, amidonul de porumb, uleiul, zahărul, vanilia și sarea și amestecați până la omogenizare.

Turnați aluatul într-un castron puțin adânc și înmuiați pâinea în aluat, întorcându-se pentru a acoperi ambele părți.

Pe o tigaie sau o tigaie mare, încălziți un strat subțire de ulei la foc mediu. Puneți pâinea prăjită pe grătarul fierbinte și gătiți până când se rumenesc pe ambele părți, întorcându-le o dată, 3 până la 4 minute pe fiecare parte.

Transferați pâinea prăjită gătită pe un platou rezistent la căldură și păstrați-l cald în cuptor în timp ce gătiți restul.

34. Tartinată pentru mic dejun cu susan și soia

Face aproximativ 1 cană

$^1/_2$ cană tofu moale, scurs și uscat
2 linguri tahini (pasta de susan)
2 linguri drojdie nutritiva
1 lingura suc proaspat de lamaie
2 lingurite ulei de in
1 lingurita ulei de susan prajit
$^1/_2$ linguriță sare

Într-un blender sau robot de bucătărie, combinați toate ingredientele și amestecați până la omogenizare. Răzuiți amestecul într-un castron mic, acoperiți și lăsați-l la frigider pentru câteva ore pentru a adânci aroma. Depozitat corespunzător, se va păstra până la 3 zile.

35. Radiator cu sos Aurora

Face 4 portii

- 1 lingura ulei de masline
- 3 catei de usturoi, tocati
- 3 cepe verde, tocate
- (28 uncii) cutie de roşii zdrobite
- 1 lingurita busuioc uscat
- $^1/_2$ linguriţă maghiran uscat
- 1 lingurita sare

- $1/_4$ lingurita piper negru proaspat macinat
- $1/_3$ cană cremă de brânză vegană sau tofu moale scurs
- 1 kilogram radiator sau alte paste mici, în formă
- 2 linguri patrunjel proaspat tocat, pentru ornat

Într-o cratiță mare, încălziți uleiul la foc mediu. Adăugați usturoiul și ceapa verde și gătiți până se parfumează, 1 minut. Se amestecă roșiile, busuioc, maghiran, sare și piper. Aduceți sosul la fierbere, apoi reduceți focul la mic și fierbeți timp de 15 minute, amestecând din când în când.

În robotul de bucătărie, amestecați crema de brânză până la omogenizare. Adăugați 2 căni de sos de roșii și amestecați până la omogenizare. Razuiti amestecul de tofu-rosii inapoi in cratita cu sosul de rosii, amestecand pentru a se amesteca. Gustați, ajustând condimentele dacă este necesar. Păstrați cald la foc mic.

Într-o oală mare cu apă clocotită cu sare, gătiți pastele la foc mediu-mare, amestecând din când în când, până când sunt al dente, aproximativ 10 minute. Scurgeți bine și transferați într-un castron mare de servire. Adăugați sosul și amestecați ușor pentru a se combina. Se presara patrunjel si se serveste imediat.

36. Lasagna clasică cu tofu

Face 6 portii

- 12 uncii taitei lasagna
- 1 kg de tofu ferm, scurs și mărunțit
- 1 kg de tofu moale, scurs și mărunțit
- 2 linguri drojdie nutritiva
- 1 lingurita suc proaspat de lamaie
- 1 lingurita sare
- $1/4$ linguriță piper negru proaspăt măcinat

- 3 linguri patrunjel proaspat tocat
- $1/2$ cană parmezan vegan sau Parmasio
- 4 cani de sos marinara, de casa (vezi Sos Marinara) sau cumparat din magazin

Într-o oală cu apă clocotită cu sare, fierbeți tăiţeii la foc mediu-mare, amestecând din când în când până când sunt doar al dente, aproximativ 7 minute. Preîncălziţi cuptorul la 350°F. Într-un castron mare, combinaţi tofusul ferm şi moale. Adăugaţi drojdia nutritivă, sucul de lămâie, sare, piper, pătrunjel şi $1/4$ cană de parmezan. Se amestecă până se combină bine.

Pune un strat de sos de roşii în fundul unui vas de copt de 9 x 13 inci. Acoperiţi cu un strat de tăiţei fierţi. Întindeţi jumătate din amestecul de tofu uniform peste tăiţei. Repetaţi cu un alt strat de tăiţei, urmat de un strat de sos. Întindeţi amestecul de tofu rămas deasupra sosului şi terminaţi cu un ultim strat de tăiţei şi sos. Stropiţi cu restul de $1/4$ cană de parmezan. Dacă mai rămâne vreun sos, păstraţi-l şi serviţi-l fierbinte într-un bol alături de lasagna.

Acoperiţi cu folie şi coaceţi timp de 45 de minute. Scoateţi capacul şi coaceţi încă 10 minute. Lăsaţi să stea 10 minute înainte de servire.

37. Lasagna cu smog roşu şi spanac

Face 6 portii

- 12 uncii taitei lasagna
- 1 lingura ulei de masline
- 2 catei de usturoi, tocati
- 8 uncii de smog roşu proaspăt, tulpinile dure îndepărtate şi tocate grosier
- 9 uncii de spanac proaspăt, tocat grosier
- 1 kg de tofu ferm, scurs şi mărunţit
- 1 kg de tofu moale, scurs şi mărunţit
- 2 linguri drojdie nutritiva
- 1 lingurita suc proaspat de lamaie
- 2 linguri de patrunjel proaspat tocat cu frunze plate
- 1 lingurita sare
- $1/4$ linguriţă piper negru proaspăt măcinat

- 3 $^1/_2$ căni de sos marinara, de casă sau cumpărat din magazin

Într-o oală cu apă clocotită cu sare, fierbeți tăițeii la foc mediu-mare, amestecând din când în când până când sunt doar al dente, aproximativ 7 minute. Preîncălziți cuptorul la 350°F.

Într-o cratiță mare, încălziți uleiul la foc mediu. Adăugați usturoiul și gătiți până devine parfumat. Se adaugă mătgul și se fierbe, amestecând până se ofilesc, aproximativ 5 minute. Adăugați spanacul și continuați să gătiți, amestecând până se ofilește, încă aproximativ 5 minute. Acoperiți și gătiți până se înmoaie, aproximativ 3 minute. Acoperiți și lăsați deoparte să se răcească. Când este suficient de rece pentru a fi manevrat, scurgeți orice umiditate rămasă din verdeață, apăsând împotriva lor cu o lingură mare pentru a stoarce orice exces de lichid. Puneți verdețurile într-un castron mare. Adăugați tofu, drojdia nutritivă, sucul de lămâie, pătrunjel, sare și piper. Se amestecă până se combină bine.

Puneți un strat de sos de roșii în fundul unui vas de copt de 9 x 13 inci. Acoperiți cu un strat de tăiței. Întindeți jumătate din amestecul de tofu uniform peste tăiței. Repetați cu un alt strat de tăiței și un strat de sos. Întindeți amestecul de tofu rămas deasupra sosului și terminați cu un ultim strat de tăiței, sos și acoperiți cu parmezan.

Acoperiți cu folie și coaceți timp de 45 de minute. Scoateți capacul și coaceți încă 10 minute. Lăsați să stea 10 minute înainte de servire.

38. Lasagna cu legume prăjite

Face 6 portii

- 1 dovlecel mediu, tăiat în felii de $^1/_{4\,inch}$
- 1 vinete medie, tăiată în felii de $^1/_{4\,inch}$
- 1 ardei gras rosu mediu, taiat cubulete
- 2 linguri ulei de masline
- Sare şi piper negru proaspăt măcinat
- 8 uncii taitei lasagna

- 1 kilogram de tofu ferm, scurs, uscat și mărunțit
- 1 kilogram de tofu moale, scurs, uscat și mărunțit
- 2 linguri drojdie nutritiva
- 2 linguri de patrunjel proaspat tocat cu frunze plate
- 3 $1/2$ căni de sos marinara, de casă (vezi Sos Marinara) sau cumpărat din magazin

Preîncălziți cuptorul la 425°F. Răspândiți dovleceii, vinetele și ardeiul gras pe o tavă de copt de 9 x 13 inci ușor unsă cu ulei. Stropiți cu ulei și asezonați cu sare și piper negru după gust. Prăjiți legumele până când se înmoaie și se rumenesc ușor, aproximativ 20 de minute. Scoateți din cuptor și lăsați deoparte să se răcească. Reduceți temperatura cuptorului la 350°F.
Într-o oală cu apă clocotită cu sare, fierbeți tăiței la foc mediu-mare, amestecând din când în când până când sunt doar al dente, aproximativ 7 minute. Scurgeti si puneti deoparte. Într-un castron mare, combinați tofu cu drojdia nutritivă, pătrunjelul și sare și piper, după gust. Se amestecă bine.

Pentru a asambla, întindeți un strat de sos de roșii pe fundul unui vas de copt de 9 x 13 inci. Acoperiți sosul cu un strat de tăiței. Acoperiți tăiței cu jumătate din legumele prăjite, apoi întindeți jumătate din amestecul de tofu peste legume. Repetați cu un alt strat de tăiței și acoperiți cu mai mult sos. Repetați procesul de stratificare cu legumele rămase și amestecul de tofu, terminând cu un strat de tăiței și sos. Presărați parmezan deasupra.

Acoperiți și coaceți timp de 45 de minute. Scoateți capacul și coaceți încă 10 minute. Scoateți din cuptor și lăsați să stea 10 minute înainte de a tăia.

39. Lasagna cu radicchio si ciuperci

Face 6 portii

- 1 lingura ulei de masline
- 2 catei de usturoi, tocati
- 1 radicchio cu cap mic, mărunțit
- 8 uncii de ciuperci cremini, ușor clătite, uscate și tăiate subțiri
- Sare și piper negru proaspăt măcinat
- 8 uncii taitei lasagna
- 1 kilogram de tofu ferm, scurs, uscat și mărunțit
- 1 kilogram de tofu moale, scurs, uscat și mărunțit
- 3 linguri drojdie nutritiva
- 2 linguri patrunjel proaspat tocat

- 3 cani de sos marinara, de casa (vezi Sos marinara) sau cumparat din magazin

Într-o tigaie mare, încălziți uleiul la foc mediu. Adăugați usturoiul, radicchio și ciupercile. Acoperiți și gătiți, amestecând din când în când, până se înmoaie, aproximativ 10 minute. Se condimenteaza cu sare si piper dupa gust si se lasa deoparte

Într-o oală cu apă clocotită cu sare, fierbeți tăițeii la foc mediu-mare, amestecând din când în când până când sunt doar al dente, aproximativ 7 minute. Scurgeti si puneti deoparte. Preîncălziți cuptorul la 350°F.

Într-un castron mare, combinați tofu-ul ferm și moale. Adăugați drojdia nutritivă și pătrunjelul și amestecați până se omogenizează bine. Amestecați amestecul de radicchio și ciuperci și asezonați cu sare și piper după gust.

Pune un strat de sos de roșii în fundul unui vas de copt de 9 x 13 inci. Acoperiți cu un strat de tăiței. Întindeți jumătate din amestecul de tofu uniform peste tăiței. Repetați cu un alt strat de tăiței, urmat de un strat de sos. Întindeți deasupra amestecul de tofu rămas și terminați cu un ultim strat de tăiței și sos. Se presara blatul cu nuca macinata.

Acoperiți cu folie și coaceți timp de 45 de minute. Scoateți capacul și coaceți încă 10 minute. Lăsați să stea 10 minute înainte de servire.

40. Lasagna Primavera

Face 6 până la 8 porții

- 8 uncii taitei lasagna
- 2 linguri ulei de masline
- 1 ceapa galbena mica, tocata
- 3 catei de usturoi, tocati
- 6 uncii de tofu mătăsos, scurs
- 3 căni de lapte de soia simplu, neîndulcit
- 3 linguri drojdie nutritiva
- $1/8$ linguriță nucşoară măcinată
- Sare şi piper negru proaspăt măcinat
- 2 cesti buchetele de broccoli tocate
- 2 morcovi medii, tocați

- 1 dovlecel mic, tăiat în jumătate sau în sferturi pe lungime și tăiat în felii de $^1/_4$ inch
- 1 ardei gras rosu mediu, tocat
- 2 kilograme de tofu ferm, scurs și uscat
- 2 linguri de patrunjel proaspat tocat cu frunze plate
- $^1/_2$ cană parmezan vegan sau Parmasio
- $^1/_2$ cană migdale sau nuci de pin măcinate

Preîncălziți cuptorul la 350°F. Într-o oală cu apă clocotită cu sare, fierbeți tăiței la foc mediu-mare, amestecând din când în când până când sunt doar al dente, aproximativ 7 minute. Scurgeti si puneti deoparte.

Într-o tigaie mică, încălziți uleiul la foc mediu. Adăugați ceapa și usturoiul, acoperiți și gătiți până se înmoaie, aproximativ 5 minute. Transferați amestecul de ceapă într-un blender. Adăugați tofu de mătase, laptele de soia, drojdia nutritivă, nucșoara și sare și piper după gust. Se amestecă până se omogenizează și se lasă deoparte.

Se fierbe broccoli, morcovii, dovleceii și ardeiul gras până se înmoaie. Se ia de pe foc. Se sfărâmă tofu ferm într-un castron mare. Adauga patrunjelul si $^1/_4$ cana de parmezan si asezoneaza cu sare si piper dupa gust. Se amestecă până se combină bine. Se amestecă legumele fierte la abur și se amestecă bine, adăugând mai multă sare și piper, dacă este nevoie.

Pune un strat de sos alb pe fundul unui vas de copt ușor uns cu ulei de 9 x 13 inci. Acoperiți cu un strat de tăiței. Întindeți jumătate din amestecul de tofu și legume uniform peste tăiței. Repetați cu un alt strat de tăiței, urmat de un strat de sos. Întindeți deasupra amestecul de tofu rămas și terminați cu un ultim strat de tăiței și sos, terminând cu restul de $^1/_4$ cană de parmezan. Acoperiți cu folie și coaceți timp de 45 de minute

41. Lasagna cu fasole neagră și dovleac

Face 6 până la 8 porții

- 12 taitei lasagna
- 1 lingura ulei de masline
- 1 ceapa galbena medie, tocata
- 1 ardei gras rosu mediu, tocat
- 2 catei de usturoi, tocati
- 1 $^1/_2$ cești gătite sau 1 cutie (15,5 uncii) de fasole neagră, scursă și clătită
- (14,5 uncii) cutie de roșii zdrobite
- 2 lingurițe pudră de chili
- Sare și piper negru proaspăt măcinat
- 1 kilogram tofu ferm, bine scurs
- 3 linguri patrunjel proaspat tocat sau coriandru
- 1 conserve (16 uncii) de piure de dovleac
- 3 căni de salsa de roșii, de casă (vezi Salsa de roșii proaspete) sau cumpărată din magazin

Într-o oală cu apă clocotită cu sare, fierbeți tăiței la foc mediu-mare, amestecând din când în când până când sunt doar al dente, aproximativ 7 minute. Scurgeti si puneti deoparte. Preîncălziți cuptorul la 375°F.

Într-o tigaie mare, încălziți uleiul la foc mediu. Adăugați ceapa, acoperiți și gătiți până se înmoaie. Adăugați ardeiul gras și usturoiul și gătiți până se înmoaie, încă 5 minute. Se amestecă fasolea, roșiile, 1 linguriță de pudră de chili și sare și piper negru după gust. Se amestecă bine și se lasă deoparte.

Într-un castron mare, combinați tofu, pătrunjelul, restul de 1 linguriță de praf de chili și sare și piper negru după gust. Pune deoparte. Într-un castron mediu, combinați dovleacul cu salsa și amestecați pentru a se amesteca bine. Se condimenteaza cu sare si piper dupa gust.

Întindeți aproximativ ¾ de cană din amestecul de dovleac în fundul unui vas de copt de 9 x 13 inci. Acoperiți cu 4 tăiței. Acoperiți cu jumătate din amestecul de fasole, urmat de jumătate din amestecul de tofu. Acoperiți cu patru dintre tăiței, urmați de un strat de amestec de dovleac, apoi amestecul de fasole rămas, acoperit cu tăiței rămași. Întindeți amestecul de tofu rămas peste tăiței, urmat de amestecul de dovleac rămas, întindeți-l pe marginile tigaii.

Acoperiți cu folie și coaceți până când sunt fierbinți și clocotiți, aproximativ 50 de minute. Descoperiți, stropiți cu semințe de dovleac și lăsați să stea 10 minute înainte de servire.

42. Manicotti umplute cu smog

Face 4 portii

- 12 manicotti
- 3 linguri ulei de masline
- 1 ceapa mica, tocata
- 1 buchet mediu de smog elvețian, tulpini tari tăiate și tocate
- 1 kg de tofu ferm, scurs și mărunțit
- Sare și piper negru proaspăt măcinat
- 1 cană caju crude
- 3 căni de lapte de soia simplu, neîndulcit

- $^1/_8$ linguriţă nucşoară măcinată
- $^1/_8$ linguriţă cayenne măcinate
- 1 cană pesmet uscat necondimentat

Preîncălziţi cuptorul la 350°F. Unge uşor o tavă de copt de 9 x 13 inci şi pune deoparte.

Într-o oală cu apă clocotită cu sare, gătiţi manicotti la foc mediu-mare, amestecând din când în când, până al dente, aproximativ 8 minute. Se scurge bine si se da sub apa rece. Pune deoparte.

Într-o tigaie mare, încălziţi 1 lingură de ulei la foc mediu. Adăugaţi ceapa, acoperiţi şi gătiţi până se înmoaie aproximativ 5 minute. Adăugaţi mătgul, acoperiţi şi gătiţi până când magul este fraged, amestecând ocazional, aproximativ 10 minute. Se ia de pe foc si se adauga tofu, amestecand pentru a se amesteca bine. Se condimenteaza bine cu sare si piper dupa gust si se lasa deoparte.

Într-un blender sau robot de bucătărie, măcinaţi caju până la o pudră. Adăugaţi 1 $^1/_2$ căni de lapte de soia, nucşoară, cayenne şi sare după gust. Se amestecă până la omogenizare. Adăugaţi restul de 1 $^1/_2$ căni de lapte de soia şi amestecaţi până devine cremos. Gustaţi, ajustând condimentele dacă este necesar.

Întindeţi un strat de sos pe fundul vasului de copt pregătit. Ambalaţi aproximativ $^1/_3$ cană de umplutură de mătg în manicotti. Aranjaţi manicotti umpluţi într-un singur strat în tava de copt. Turnaţi sosul rămas peste manicotti. Într-un castron mic, combinaţi pesmetul şi restul de 2 linguri de ulei şi stropiţi peste manicotti.

Acoperiți cu folie și coaceți până când sunt fierbinți și clocotiți, aproximativ 30 de minute. Serviți imediat

43. Manicotti de spanac

Face 4 porții

- 12 manicotti
- 1 lingura ulei de masline
- 2 salote medii, tocate
- 2 pachete (10 uncii) spanac tocat congelat, decongelat
- 1 kilogram de tofu extra ferm, scurs și mărunțit
- $^1/_4$ lingurita nucsoara macinata
- Sare și piper negru proaspăt măcinat
- 1 cană bucăți de nucă prăjită
- 1 cană tofu moale, scurs și mărunțit
- $^1/_4$ cană drojdie nutritivă
- 2 căni de lapte de soia simplu, neîndulcit
- 1 cană pesmet uscat

Preîncălziți cuptorul la 350°F. Unge ușor o tavă de copt de 9 x 13 inci. Într-o oală cu apă clocotită cu sare, gătiți manicotti la foc mediu-mare, amestecând din când în când, până al dente, aproximativ 10 minute. Se scurge bine si se da sub apa rece. Pune deoparte.

Într-o tigaie mare, încălziți uleiul la foc mediu. Adaugati salota si gatiti pana se inmoaie, aproximativ 5 minute. Stoarceți spanacul pentru a elimina cât mai mult lichid posibil și adăugați-l la șalotă. Asezonați cu nucșoară și sare și piper după gust și gătiți 5 minute, amestecând pentru a se amesteca aromele. Adăugați tofu extra-firm și amestecați pentru a se amesteca bine. Pune deoparte.

Intr-un robot de bucatarie proceseaza nucile pana se macina fin. Adăugați tofu moale, drojdie nutritivă, lapte de soia și sare și piper după gust. Procesați până la omogenizare.

Întindeți un strat de sos de nuci pe fundul vasului de copt pregătit. Umpleți manicotti cu umplutura. Aranjați manicotti umpluți într-un singur strat în tava de copt. Se pune deasupra sosul rămas. Acoperiți cu folie și coaceți până se încinge, aproximativ 30 de minute. Descoperiți, stropiți cu pesmet și coaceți încă 10 minute pentru a rumeni ușor blatul. Serviți imediat

44. Lasagna Pinwheels

Face 4 portii

- 12 taitei lasagna
- 4 căni de spanac proaspăt ușor împachetat
- 1 cană de fasole albă fiartă sau conservată, scursă și clătită
- 1 kilogram de tofu ferm, scurs și uscat
- $^1/_2$ linguriță sare
- $^1/_4$ linguriță piper negru proaspăt măcinat
- $^1/_8$ linguriță nucșoară măcinată
- 3 cani de sos marinara, de casa (vezi Sos marinara) sau cumparat din magazin

Preîncălziți cuptorul la 350°F. Într-o oală cu apă clocotită cu sare, fierbeți tăițeii la foc mediu-mare, amestecând din când în când, până când sunt doar al dente, aproximativ 7 minute.

Așezați spanacul într-un vas de cuptor cu microunde cu 1 lingură de apă. Acoperiți și puneți la microunde timp de 1 minut până se ofilesc. Scoateți din bol, stoarceți orice lichid rămas. Transferați spanacul într-un robot de bucătărie și pulsați pentru a toca. Adăugați fasolea, tofu, sare și piper și procesați până se combină bine. Pune deoparte.

Pentru a asambla roțile, așezați tăițeii pe o suprafață de lucru plană. Întindeți aproximativ 3 linguri de amestec de tofu-spanac pe suprafața fiecărui tăiței și rulați. Repetați cu ingredientele rămase. Întindeți un strat de sos de roșii pe fundul unei caserole puțin adânci. Așezați rulourile în poziție verticală deasupra sosului și puneți o lingură din sosul rămas pe fiecare roată. Acoperiți cu folie și coaceți timp de 30 de minute. Serviți imediat.

45. Ravioli de dovleac cu mazăre

Face 4 portii

- 1 cană de piure de dovleac conservat
- $^{1}/_{2}$ cană tofu extra ferm, bine scurs și mărunțit
- 2 linguri patrunjel proaspat tocat
- Ciupiți nucșoară măcinată

- Sare și piper negru proaspăt măcinat
- 1 reteta <u>Aluat de paste fara ou</u>
- 2 sau 3 eșalope medii, tăiate în jumătate pe lungime și tăiate în felii de $1/4$ inch
- 1 cană de mazăre baby congelată, decongelată

Utilizați un prosop de hârtie pentru a șterge excesul de lichid din dovleac și tofu, apoi combinați într-un robot de bucătărie cu drojdia nutritivă, pătrunjelul, nucșoara și sare și piper, după gust. Pune deoparte.

Pentru a face ravioli, întindeți aluatul de paste subțire pe o suprafață ușor făinată. Tăiați aluatul în

Benzi late de 2 inchi. Pune 1 linguriță grămadă de umplutură pe 1 fâșie de paste, la aproximativ 1 inch de sus. Pune o altă linguriță de umplutură pe fâșia de paste, la aproximativ un inch sub prima lingură de umplutură. Repetați pe toată lungimea benzii de aluat. Udați ușor marginile aluatului cu apă și puneți o a doua fâșie de paste deasupra primei, acoperind umplutura. Presați cele două straturi de aluat împreună între porțiunile de umplutură. Folosiți un cuțit pentru a tăia părțile laterale ale aluatului pentru a-l face drept, apoi tăiați aluatul între fiecare movilă de umplutură pentru a face ravioli pătrați. Asigurați-vă că apăsați buzunarele de aer din jurul umplerii înainte de sigilare. Folosiți dinții unei furculițe pentru a apăsa de-a lungul marginilor aluatului pentru a sigila ravioli. Transferați ravioli pe o farfurie cu făină și repetați cu aluatul rămas și sosul. Pune deoparte.

Într-o tigaie mare, încălziți uleiul la foc mediu. Adăugați eșalota și gătiți, amestecând din când în când, până când eșalota devine maro auriu, dar nu este ars, aproximativ 15 minute. Se amestecă mazărea și se condimentează cu sare și piper după gust. Păstrați cald la foc foarte mic.

Într-o oală mare cu apă clocotită cu sare, gătiți ravioli până când plutesc până deasupra, aproximativ 5 minute. Se scurge bine si se transfera in tava cu salota si mazarea. Gatiti un minut sau doua pentru a amesteca aromele, apoi transferati intr-un castron mare de servire. Se condimentează cu mult piper și se servește imediat.

46. Ravioli de anghinare-nuci

Face 4 portii

- $^1/_3$ cană plus 2 linguri ulei de măsline
- 3 catei de usturoi, tocati
- 1 pachet (10 uncii) de spanac congelat, dezghețat și stors uscat
- 1 cană inimioare de anghinare congelate, dezghețate și tocate
- $^1/_3$ cană tofu ferm, scurs și mărunțit
- 1 cană bucăți de nucă prăjită
- $^1/_4$ cană pătrunjel proaspăt bine împachetat
- Sare și piper negru proaspăt măcinat
- 1 reteta Aluat de paste fara ou
- 12 frunze proaspete de salvie

Într-o tigaie mare, încălziți 2 linguri de ulei la foc mediu. Adăugați usturoiul, spanacul și inimioarele de anghinare. Acoperiți și gătiți până când usturoiul este moale și lichidul este absorbit, aproximativ 3 minute, amestecând din când în când. Transferați amestecul într-un robot de bucătărie. Adăugați tofu, $1/4$ cană de nuci, patrunjelul, si sare si piper dupa gust. Procesați până se toca și se amestecă bine.

Se da deoparte la racit.

Pentru a face ravioli, întindeți aluatul foarte subțire (aproximativ $1/8$ inch) pe o suprafață ușor făinată și tăiați-o în fâșii de 2 inci lățime. Pune 1 linguriță grămadă de umplutură pe o fâșie de paste, la aproximativ 1 inch de sus. Pune o altă linguriță de umplutură pe fâșia de paste, la aproximativ 1 inch sub prima lingură de umplutură. Repetați pe toată lungimea benzii de aluat.

Udați ușor marginile aluatului cu apă și puneți o a doua fâșie de paste deasupra primei, acoperind umplutura.

Presați cele două straturi de aluat împreună între porțiunile de umplutură. Folosiți un cuțit pentru a tăia părțile laterale ale aluatului pentru a-l face drept, apoi tăiați aluatul între fiecare movilă de umplutură pentru a face ravioli pătrați. Folosiți dinții unei furculițe pentru a apăsa de-a lungul marginilor aluatului pentru a sigila ravioli. Transferați ravioli pe o farfurie cu făină și repetați cu aluatul rămas și umplutura.

Gătiți ravioli într-o oală mare cu apă clocotită cu sare până când plutesc până deasupra, aproximativ 7 minute.

Se scurge bine si se da deoparte. Într-o tigaie mare, încălziți restul de $^1/_3$ cană de ulei la foc mediu. Adăuga salvie și restul de ¾ de cană de nuci și gătiți până când salvia devine crocantă și nucile devin parfumate.

Adăugați ravioli fierte și gătiți, amestecând ușor, pentru a se acoperi cu sosul și încălziți. Serviți imediat.

47. Tortellini cu sos de portocale

Face 4 portii

- 1 lingura ulei de masline
- 3 catei de usturoi, tocati marunt
- 1 cana tofu ferm, scurs si maruntit
- ¾ cană pătrunjel proaspăt tocat
- $1/_4$ cană parmezan vegan sau Parmasio
- Sare şi piper negru proaspăt măcinat
- 1 reteta Aluat de paste fara ou
- $2\,1/_2$ căni de sos marinara, de casă (vezi Sos Marinara) sau coaja de 1 portocală cumpărată din magazin
- $1/_2$ linguriţă de ardei roşu măcinat

- $1/2$ cană de smântână de soia sau lapte de soia simplu, neîndulcit

Într-o tigaie mare, încălziți uleiul la foc mediu. Adăugați usturoiul și gătiți până se înmoaie, aproximativ 1 minut. Se amestecă tofu, pătrunjelul, parmezanul și sare și piper negru după gust. Se amestecă până se omogenizează bine. Se da deoparte la racit.

Pentru a face tortellini, întindeți aluatul subțire (aproximativ $1/8$ inch) și tăiați-l în pătrate de 2 $1/2$ inch. Loc

1 linguriță de umplutură chiar în afara centrului și îndoiți un colț al pătratului de paste peste umplutură pentru a forma un triunghi. Apăsați marginile împreună pentru a sigila, apoi înfășurați triunghiul, cu punctul central în jos, în jurul degetului arătător, apăsând capetele împreună, astfel încât să se lipească. Îndoiți în jos punctul triunghiului și glisați de pe deget. Se da deoparte pe o farfurie usor infainata si se continua cu restul de aluat si umplutura.

Într-o cratiță mare, combinați sosul marinara, coaja de portocală și ardeiul roșu zdrobit. Se incinge pana se incinge, apoi se adauga crema de soia si se tine la cald la foc foarte mic.

Într-o oală cu apă clocotită cu sare, gătiți tortellini până când plutesc până deasupra, aproximativ 5 minute. Scurgeți bine și transferați într-un castron mare de servire. Adăugați sosul și amestecați ușor pentru a se combina. Serviți imediat.

48. Legume Lo Mein Cu Tofu

Face 4 portii

- 12 uncii linguine
- 1 lingura ulei de susan prajit
- 3 linguri sos de soia
- 2 linguri sherry uscat
- 1 lingura apa
- Ciupiți zahăr
- 1 lingura amidon de porumb

- 2 linguri ulei de canola sau de sâmburi de struguri
- 1 kilogram de tofu extra ferm, scurs și tăiat cubulețe
- 1 ceapă medie, tăiată în jumătate și feliată subțire
- 3 cesti buchetele mici de broccoli
- 1 morcov mediu, tăiat în felii de $1/4$ inch
- 1 cană shiitake proaspăt feliat sau ciuperci albe
- 2 catei de usturoi, tocati
- 2 lingurițe de ghimbir proaspăt ras
- 2 cepe verde, tocate

Într-o oală mare cu apă clocotită cu sare, gătiți linguine, amestecând din când în când, până se înmoaie, aproximativ 10 minute. Se scurge bine si se transfera intr-un bol. Se adaugă 1 linguriță de ulei de susan și se amestecă. Pune deoparte.

Într-un castron mic, combinați sosul de soia, sherry, apa, zahărul și restul de 2 lingurițe de ulei de susan. Adăugați amidonul de porumb și amestecați pentru a se dizolva. Pune deoparte.

Într-o tigaie mare sau wok, încălziți 1 lingură de canola la foc mediu-mare. Adăugați tofu și gătiți până devine auriu, aproximativ 10 minute. Scoateți din tigaie și lăsați deoparte.

Reîncălziți uleiul de canola rămas în aceeași tigaie. Adăugați ceapa, broccoli și morcovul și prăjiți până când se înmoaie, aproximativ 7 minute. Adăugați ciupercile, usturoiul, ghimbirul și ceapa verde și prăjiți timp de 2 minute. Se amestecă sosul și linguine-ul fiert și se amestecă pentru a se amesteca bine. Gatiti pana se incalzeste. Gustați, ajustând condimentele și adăugați mai mult sos de soia dacă este necesar. Serviți imediat.

49. Pad Thai

Face 4 portii

- 12 uncii tăiței de orez uscat
- $1/3$ cană sos de soia
- 2 linguri suc proaspăt de lămâie
- 2 linguri de zahar brun deschis
- 1 lingură pastă de tamarind (vezi nota de cap)
- 1 lingura pasta de rosii
- 3 linguri de apa
- $1/2$ linguriță de ardei roşu măcinat
- 3 linguri ulei de canola sau de sâmburi de struguri
- 1 kilogram de tofu extra ferm, scurs, presat (vezi Tofu) şi tăiat cubulețe de $1/2$ inch
- 4 cepe verde, tocate

- 2 catei de usturoi, tocati
- $^1/_3$ cană alune nesărate tocate grosier prăjite
- 1 cană muguri de fasole, pentru ornat
- 1 lime, tăiată felii, pentru ornat

Înmuiați tăițeii într-un castron mare cu apă fierbinte până se înmoaie, 5 până la 15 minute, în funcție de grosimea tăițeilor. Scurgeți bine și clătiți sub apă rece. Transferați tăițeii scurși într-un castron mare și lăsați deoparte.

Într-un castron mic, combinați sosul de soia, sucul de lămâie, zahărul, pasta de tamarind, pasta de roșii, apa și ardeiul roșu măcinat. Se amestecă pentru a se amesteca bine și se lasă deoparte.

Într-o tigaie mare sau wok, încălziți 2 linguri de ulei la foc mediu. Adăugați tofu și prăjiți până când devine auriu, aproximativ 5 minute. Transferați pe un platou și lăsați deoparte.

În aceeași tigaie sau wok, încălziți restul de 1 lingură de ulei la foc mediu. Se adaugă ceapa și se prăjește timp de 1 minut. Adăugați ceapa verde și usturoiul, prăjiți timp de 30 de secunde, apoi adăugați tofuul fiert și gătiți aproximativ 5 minute, amestecând din când în când, până se rumenesc. Adăugați tăițeii fierți și amestecați pentru a se combina și încălziți.

Se amestecă sosul și se gătește, amestecând până se îmbracă, adăugând o stropire sau două de apă suplimentară, dacă este necesar , pentru a preveni lipirea. Când tăițeii sunt fierbinți și fragezi, puneți-i pe un platou de servire și stropiți-i cu alune și coriandru. Decorați cu muguri de fasole și felii de lime pe marginea platoului. Se serveste fierbinte.

50. Spaghete beate cu tofu

Face 4 portii

- 12 uncii spaghete
- 3 linguri sos de soia
- 1 lingura sos vegetarian de stridii (optional)
- 1 lingurita zahar brun deschis
- 8 uncii de tofu extra ferm, scurs şi presat (vezi Tofu)
- 2 linguri ulei de canola sau de sâmburi de struguri
- 1 ceapă roşie medie, feliată subţire
- 1 ardei gras roşu mediu, feliat subţire
- 1 cană de mazăre de zăpadă, tăiată

- 2 catei de usturoi, tocati
- $^1/_2$ linguriță de ardei roșu măcinat
- 1 cană frunze proaspete de busuioc thailandez

Într-o oală cu apă clocotită cu sare, gătiți spaghetele la foc mediu-mare, amestecând din când în când, până al dente, aproximativ 8 minute. Scurgeți bine și transferați într-un castron mare. Într-un castron mic, combinați sosul de soia, sosul de stridii, dacă folosiți, și zahărul. Se amestecă bine, apoi se toarnă peste spaghetele rezervate, amestecând să se îmbrace. Pune deoparte.

Tăiați tofu-ul în fâșii de $^1/_2$ inch. Într-o tigaie mare sau wok, încălziți 1 lingură de ulei la foc mediu-mare. Adăugați tofu și gătiți până devine auriu, aproximativ 5 minute. Scoateți din tigaie și lăsați deoparte.

Puneți tigaia la foc și adăugați 1 lingură rămasă de ulei de canola. Adăugați ceapa, ardeiul gras, mazărea de zăpadă, usturoiul și ardeiul roșu zdrobit. Se prăjește până când legumele sunt doar fragede, aproximativ 5 minute. Adăugați amestecul de spaghete și sos fiert, tofu fiert și busuioc și prăjiți până se fierbinte, aproximativ 4 minute.

TEMPEH

51. Carbonara-Style Spaghetti

Face 4 portii

- 2 linguri ulei de masline
- 3 salote medii, tocate
- 4 uncii slănină tempeh, de casă (vezi slănină tempeh) sau cumpărată din magazin, tocată
- 1 cană lapte de soia simplu, neîndulcit
- $^1/_2$ cană tofu moale sau mătăsos, scurs
- $^1/_4$ cană drojdie nutritivă
- Sare şi piper negru proaspăt măcinat
- 1 kilogram spaghete
- 3 linguri patrunjel proaspat tocat

Într-o tigaie mare, încălziți uleiul la foc mediu. Adaugati salota si gatiti pana se inmoaie, aproximativ 5 minute. Adăugați baconul tempeh și gătiți, amestecând des, până se rumenește ușor, aproximativ 5 minute. Pune deoparte.

Într-un blender, combinați laptele de soia, tofu, drojdia nutritivă și sare și piper după gust. Se amestecă până la omogenizare. Pune deoparte.

Într-o oală mare cu apă clocotită cu sare, gătiți spaghetele la foc mediu-mare, amestecând din când în când, până al dente, aproximativ 10 minute. Scurgeți bine și transferați într-un castron mare de servire. Adăugați amestecul de tofu, $1/4$ cană de parmezan și toate, cu excepția a 2 linguri de amestec de slănină tempeh.

Se amestecă ușor pentru a se combina și a gusta, ajustând condimentele dacă este necesar, adăugând puțin lapte de soia dacă este prea uscat. Acoperiți cu câteva felii de piper măcinat, slănina tempeh rămasă, parmezanul rămas și pătrunjel. Serviți imediat.

51. Tempeh și legume

Face 4 portii

- 10 uncii tempeh
- Sare și piper negru proaspăt măcinat
- 2 lingurițe amidon de porumb
- 4 cesti buchetele mici de broccoli
- 2 linguri ulei de canola sau de sâmburi de struguri
- 2 linguri sos de soia
- 2 linguri de apa
- 1 lingura mirin
- $^1/_2$ linguriță piper roșu măcinat
- 2 lingurite ulei de susan prajit
- 1 ardei gras roșu mediu, tăiat în felii de $^1/_{2\,inch}$
- 6 uncii de ciuperci albe, clătite ușor, uscate și tăiate în felii de $^1/_{2\,inch}$
- 2 catei de usturoi, tocati
- 3 linguri ceapa verde tocata

- 1 lingurita de ghimbir proaspat ras

Într-o cratiță medie cu apă clocotită, gătiți tempeh-ul timp de 30 de minute. Scurgeți, uscați și lăsați deoparte să se răcească. Tăiați tempeh-ul în cuburi de $^1/_2$ inch și puneți-l într-un castron puțin adânc. Se condimentează cu sare și piper negru după gust, se stropește cu amidon de porumb și se amestecă. Pune deoparte.

Aburiți ușor broccoli până când este aproape fraged, aproximativ 5 minute. Treceți sub apă rece pentru a opri procesul de gătire și pentru a păstra culoarea verde strălucitoare. Pune deoparte.

Într-o tigaie mare sau wok, încălziți 1 lingură de ulei de canola la foc mediu-mare. Adăugați tempeh și prăjiți până când devine auriu, aproximativ 5 minute. Scoateți din tigaie și lăsați deoparte.

Într-un castron mic, combinați sosul de soia, apa, mirinul, ardeiul roșu zdrobit și uleiul de susan. Pune deoparte.

Reîncălziți aceeași tigaie la foc mediu-înalt. Adăugați 1 lingură rămasă de ulei de canola. Adăugați ardeiul gras și ciupercile și prăjiți până se înmoaie, aproximativ 3 minute. Adăugați usturoiul, ceapa verde și ghimbirul și prăjiți 1 minut. Adăugați broccoli aburit și tempeh prăjit și prăjiți timp de 1 minut. Se amestecă amestecul de sos de soia și se prăjește până când tempehul și legumele sunt fierbinți și bine acoperite cu sosul. Serviți imediat.

52. Teriyaki Tempeh

Face 4 portii

- 1 kilogram tempeh, tăiat în felii de $^1/_{4\,inch}$
- $^1/_4$ cană suc proaspăt de lămâie
- 1 lingurita de usturoi tocat
- 2 linguri ceapa verde tocata
- 2 linguriţe de ghimbir proaspăt ras
- 1 lingura zahar
- 2 linguri ulei de susan prajit
- 1 lingura amidon de porumb
- 2 linguri de apa
- 2 linguri ulei de canola sau de sâmburi de struguri

Într-o cratiță medie cu apă clocotită, gătiți tempeh-ul timp de 30 de minute. Scurgeți și puneți într-un vas mare, puțin adânc. Într-un castron mic, combinați sosul de soia, sucul de lămâie, usturoiul, ceapa verde, ghimbirul, zahărul, uleiul de susan, amidonul de porumb și apa. Se amestecă bine, apoi se toarnă marinada peste tempehul fiert, întorcându-se să se îmbrace. Marinați tempehul timp de 1 oră.

Într-o tigaie mare, încălziți uleiul de canola la foc mediu. Scoateți tempeh-ul din marinadă, rezervând marinada. Adăugați tempeh-ul în tigaia fierbinte și gătiți până când se rumenesc pe ambele părți, aproximativ 4 minute pe fiecare parte. Adăugați marinada rezervată și fierbeți până când lichidul se îngroașă, aproximativ 8 minute. Serviți imediat.

53. Tempeh la grătar

Face 4 portii

- 1 kilogram tempeh, tăiat în batoane de 2 inci
- 2 linguri ulei de masline
- 1 ceapa medie, tocata
- 1 ardei gras rosu mediu, tocat
- 2 catei de usturoi, tocati
- (14,5 uncii) cutie de roşii zdrobite
- 2 linguri de melasa inchisa la culoare
- 2 linguri otet de mere
- lingura sos de soia
- 2 linguriţe de muştar brun picant
- 1 lingura zahar
- $^{1}/_{2}$ linguriţă sare
- $^{1}/_{4}$ linguriţă de ienibahar măcinat
- $^{1}/_{4}$ linguriţă cayenne măcinate

Într-o cratiță medie cu apă clocotită, gătiți tempeh-ul timp de 30 de minute. Scurgeti si puneti deoparte.

Într-o cratiță mare, încălziți 1 lingură de ulei la foc mediu. Adăugați ceapa, ardeiul gras și usturoiul. Acoperiți și gătiți până se înmoaie, aproximativ 5 minute. Se amestecă roșiile, melasa, oțetul, sosul de soia, muștarul, zahărul, sarea, ienibaharul și cayenne și se aduce la fierbere. Reduceți focul la mic și fierbeți, neacoperit, timp de 20 de minute.

Într-o tigaie mare, încălziți restul de 1 lingură de ulei la foc mediu. Adăugați tempeh-ul și gătiți până devine maro auriu, întorcându-l o dată, aproximativ 10 minute. Adăugați suficient sos pentru a acoperi generos tempeh-ul. Acoperiți și fierbeți pentru a se amesteca aromele, aproximativ 15 minute. Serviți imediat.

54. Tempeh portocaliu-bourbon

Face 4 până la 6 porții

- 2 căni de apă
- $^1/_2$ cană sos de soia
- felii subțiri de ghimbir proaspăt
- 2 catei de usturoi, feliati
- 1 kilogram de tempeh, tăiat în felii subțiri
- Sare și piper negru proaspăt măcinat
- $^1/_4$ cană ulei de rapiță sau de sâmburi de struguri
- 1 lingura zahar brun deschis
- $^1/_8$ linguriță de ienibahar măcinat
- $^1/_3$ cană suc proaspăt de portocale
- $^1/_4$ cană de bourbon sau 5 felii de portocale, tăiate la jumătate
- 1 lingura amidon de porumb amestecat cu 2 linguri apa

Într-o cratiță mare, combinați apa, sosul de soia, ghimbirul, usturoiul și coaja de portocală. Puneți tempehul în marinată și aduceți la fierbere. Reduceți focul la mic și fierbeți timp de 30 de minute. Scoateți tempeh-ul din marinadă, rezervând marinada. Stropiți tempeh-ul cu sare și piper, după gust. Puneți făina într-un vas puțin adânc. Trageți tempehul fiert în făină și lăsați deoparte.

Într-o tigaie mare, încălziți uleiul la foc mediu. Adăugați tempeh-ul, în șarje dacă este necesar și gătiți până se rumenesc pe ambele părți, aproximativ 4 minute pe fiecare parte. Se amestecă treptat marinata rezervată. Adăugați zahărul, ienibaharul, sucul de portocale și bourbonul. Acoperiți tempeh-ul cu felii de portocală. Acoperiți și fierbeți până când sosul devine siropos și aromele se topesc, aproximativ 20 de minute.

Folosiți o lingură cu fantă sau o spatulă pentru a scoate tempeh-ul din tigaie și transferați-l pe un platou de servire. Țineți de cald. Adăugați amestecul de amidon de porumb în sos și gătiți, amestecând, pentru a se îngroșa. Reduceți focul la mic și fierbeți, neacoperit, amestecând continuu, până când sosul se îngroașă. Turnați sosul peste tempeh și serviți imediat.

55. Tempeh și cartofi dulci

Face 4 portii

- 1 liră tempeh
- 2 linguri sos de soia
- 1 lingurita coriandru macinat
- $^1/_2$ linguriță de turmeric
- 2 linguri ulei de masline
- 3 salote mari, tocate
- 1 sau 2 cartofi dulci medii, curățați și tăiați cubulețe de $^1/_2$ inch
- 2 lingurițe de ghimbir proaspăt ras
- 1 cană suc de ananas
- 2 lingurite de zahar brun deschis
- Suc de 1 lime

Într-o cratiță medie cu apă clocotită, gătiți tempeh-ul timp de 30 de minute. Transferați-l într-un castron puțin adânc. Adăugați 2 linguri de sos de soia, coriandru și turmeric, amestecând până se îmbracă. Pune deoparte.

Într-o tigaie mare, încălziți 1 lingură de ulei la foc mediu. Adăugați tempeh și gătiți până se rumenesc pe ambele părți, aproximativ 4 minute pe fiecare parte. Scoateți din tigaie și lăsați deoparte.

În aceeași tigaie, încălziți restul de 2 linguri de ulei la foc mediu. Adăugați șalota și cartofii dulci. Acoperiți și gătiți până se înmoaie ușor și se rumenesc ușor, aproximativ 10 minute. Se amestecă ghimbirul, sucul de ananas, 1 lingură rămasă de sos de soia și zahărul, amestecând pentru a se combina. Reduceți focul la mic, adăugați tempehul fiert, acoperiți și gătiți până când cartofii sunt moi, aproximativ 10 minute. Transferați tempehul și cartofii dulci într-un vas de servire și păstrați-l la cald. Se amestecă sucul de lămâie în sos și se fierbe timp de 1 minut pentru a se amesteca aromele. Stropiți sosul peste tempeh și serviți imediat.

56. Tempeh creol

Face 4 până la 6 porții

- 1 kilogram tempeh, tăiat în felii de $1/4$ inch
- $1/4$ cană sos de soia
- 2 linguri condimente creole
- $1/2$ cană făină universală
- 2 linguri ulei de masline
- 1 ceapa galbena medie dulce, tocata
- 2 coaste de telina, tocate
- 1 ardei gras verde mediu, tocat
- 3 catei de usturoi, tocati
- 1 cutie (14,5 uncii) de roşii tăiate cubuleţe, scurse
- 1 lingurita de cimbru uscat
- $1/2$ cană de vin alb sec
- Sare şi piper negru proaspăt măcinat

Puneți tempeh-ul într-o cratiță mare cu suficientă apă pentru a acoperi. Adăugați sosul de soia și 1 lingură de condiment creol. Acoperiți și fierbeți timp de 30 de minute. Scoateți tempeh-ul din lichid și lăsați-l deoparte, rezervând lichidul.

Într-un castron puțin adânc, combinați făina cu restul de 2 linguri de condimente creole și amestecați bine. Dragă tempeh-ul în amestecul de făină, acoperind bine. Într-o tigaie mare, încălziți 1 lingură de ulei la foc mediu. Adăugați tempehul dragat și gătiți până se rumenesc pe ambele părți, aproximativ 4 minute pe fiecare parte. Scoateți tempeh-ul din tigaie și lăsați-l deoparte.

În aceeași tigaie, încălziți restul de 1 lingură de ulei la foc mediu. Adăugați ceapa, țelina, ardeiul gras și usturoiul. Acoperiți și gătiți până când legumele se înmoaie, aproximativ 10 minute. Se amestecă roșiile, apoi se adaugă tempeh-ul înapoi în tigaie împreună cu cimbru, vin și 1 cană din lichidul de fiert rezervat. Se condimenteaza cu sare si piper dupa gust. Aduceți la fiert și gătiți, descoperit, timp de aproximativ 30 de minute pentru a reduce lichidul și a amesteca aromele. Serviți imediat.

57. Tempeh cu Lămâie şi Capere

Face 4 până la 6 porţii

- 1 kilogram tempeh, tăiat orizontal în felii de $1/4$ inch
- $1/2$ cană sos de soia
- $1/2$ cană făină universală
- Sare şi piper negru proaspăt măcinat
- 2 linguri ulei de masline
- 2 salote medii, tocate
- 2 catei de usturoi, tocati
- 2 linguri capere
- $1/2$ cană de vin alb sec
- $1/2$ cană bulion de legume, de casă (vezi bulion uşor de legume) sau cumpărat din magazin
- 2 linguri margarina vegana
- Suc de 1 lămâie
- 2 linguri patrunjel proaspat tocat

Puneți tempeh-ul într-o cratiță mare cu suficientă apă pentru a acoperi. Adăugați sosul de soia și fierbeți timp de 30 de minute. Scoateți tempeh-ul din oală și lăsați-l deoparte să se răcească. Într-un castron puțin adânc, combinați făina și sarea și piperul după gust. Dragați tempehul în amestecul de făină, acoperind ambele părți. Pune deoparte.

Într-o tigaie mare, încălziți 2 linguri de ulei la foc mediu. Adăugați tempeh-ul, în șarje dacă este necesar și gătiți până se rumenesc pe ambele părți, aproximativ 8 minute în total. Scoateți tempeh-ul din tigaie și lăsați-l deoparte.

În aceeași tigaie, încălziți restul de 1 lingură de ulei la foc mediu. Adăugați șalota și gătiți aproximativ 2 minute. Adăugați usturoiul, apoi amestecați caperele, vinul și bulionul. Reveniți tempeh-ul în tigaie și fierbeți timp de 6 până la 8 minute. Se amestecă margarina, sucul de lămâie și pătrunjelul, amestecând pentru a se topi margarina. Serviți imediat.

58. Tempeh cu glazură de arțar și balsamic

Face 4 portii

- 1 kilogram tempeh, tăiat în batoane de 2 inci
- 2 linguri de otet balsamic
- 2 linguri sirop de arțar pur
- 1 $1/2$ linguri muştar brun picant
- 1 lingurita sos Tabasco
- 1 lingura ulei de masline
- 2 catei de usturoi, tocati
- $1/2$ cană bulion de legume, de casă (vezi bulion uşor de legume) sau cumpărat din magazin Sare şi piper negru proaspăt măcinat

Într-o cratiță medie cu apă clocotită, gătiți tempeh-ul timp de 30 de minute. Scurgeți și uscați.

Într-un castron mic, combinați oțetul, siropul de arțar, muștarul și Tabasco. Pune deoparte.

Într-o tigaie mare, încălziți uleiul la foc mediu. Adăugați tempeh și gătiți până se rumenesc pe ambele părți, întorcându-le o dată, aproximativ 4 minute pe fiecare parte. Adăugați usturoiul și gătiți încă 30 de secunde.

Amestecați bulionul și sare și piper după gust. Creșteți căldura la mediu-mare și gătiți, descoperit, timp de aproximativ 3 minute sau până când lichidul este aproape evaporat.

Adăugați amestecul de muștar rezervat și gătiți timp de 1 până la 2 minute, răsturnând tempehul pentru a se acoperi cu sosul și glazurați frumos. Aveți grijă să nu vă ardeți. Serviți imediat.

59. Tempeh chili tentant

Face 4 până la 6 porții

- 1 liră tempeh
- 1 lingura ulei de masline
- 1 ceapa galbena medie, tocata
- 1 ardei gras verde mediu, tocat
- 2 catei de usturoi, tocati
- linguri de pudră de chili
- 1 lingurita oregano uscat
- 1 lingurita chimen macinat

- (28 uncii) cutie de roşii zdrobite
- $^1/_2$ cană apă, plus mai mult dacă este necesar
- 1 $^1/_2$ cani fierte sau 1 cutie (15,5 uncii) de fasole pinto, scursa si clatita
- 1 cutie (4 uncii) de ardei iute verde tocat, scurs
- Sare şi piper negru proaspăt măcinat
- 2 linguri coriandru proaspăt tocat

Într-o cratiţă medie cu apă clocotită, gătiţi tempeh-ul timp de 30 de minute. Se scurge si se lasa sa se raceasca, apoi se taie marunt si se da deoparte.

Într-o cratiţă mare, încălziţi uleiul. Adăugaţi ceapa, ardeiul gras şi usturoiul, acoperiţi şi gătiţi până se înmoaie, aproximativ 5 minute. Adăugaţi tempeh şi gătiţi, descoperit, până devin aurii, aproximativ 5 minute. Adăugaţi pudra de chili, oregano şi chimen. Se amestecă roşiile, apa, fasolea şi ardeiul iute. Se condimenteaza cu sare si piper negru dupa gust. Se amestecă bine pentru a se combina.

Se aduce la fierbere, apoi se reduce focul la mic, se acopera si se fierbe timp de 45 de minute, amestecand din cand in cand, adaugand putina apa daca este nevoie.

Se presară cu coriandru şi se serveşte imediat.

60. Tempeh Cacciatore

Face 4 până la 6 porții

- 1 kilogram de tempeh, tăiat felii subțiri
- 2 linguri ulei de rapita sau de samburi de struguri
- 1 ceapă roşie medie, tăiată cubulețe de $1/2$ inch
- ardei gras roşu mediu, tăiat cubulețe de $1/2$ inch
- morcov mediu, tăiat în felii de $1/4$ inch
- 2 catei de usturoi, tocati
- 1 cutie (28 uncii) de roşii tăiate cubulețe, scurse
- $1/4$ cană vin alb sec
- 1 lingurita oregano uscat
- 1 lingurita busuioc uscat
- Sare şi piper negru proaspăt măcinat

Într-o cratiță medie cu apă clocotită, gătiți tempeh-ul timp de 30 de minute. Scurgeți și uscați.

Într-o tigaie mare, încălziți 1 lingură de ulei la foc mediu. Adăugați tempeh și gătiți până se rumenesc pe ambele părți, 8 până la 10 minute în total. Scoateți din tigaie și lăsați deoparte.

În aceeași tigaie, încălziți restul de 1 lingură de ulei la foc mediu. Adăugați ceapa, ardeiul gras, morcovul și usturoiul. Acoperiți și gătiți până se înmoaie, aproximativ 5 minute. Adăugați roșiile, vinul, oregano, busuioc, sare și piper negru după gust și aduceți la fierbere. Reduceți focul la mic, adăugați tempeh-ul rezervat și fierbeți, neacoperit, până când legumele sunt moi și aromele sunt bine combinate, aproximativ 30 de minute. Serviți imediat.

61. Tempeh indonezian în sos de nucă de cocos

Face 4 până la 6 porții

- 1 kilogram tempeh, tăiat în felii de $1/4$ inch
- 2 linguri ulei de canola sau de sâmburi de struguri
- 1 ceapa galbena medie, tocata
- 3 catei de usturoi, tocati
- 1 ardei gras rosu mediu, tocat
- 1 ardei gras verde mediu, tocat
- 1 sau 2 Serrano mici sau alte ardei iute proaspete, fără semințe și tocate
- 1 cutie (14,5 uncii) de roșii tăiate cubulețe, scurse
- 1 cutie (13,5 uncii) de lapte de cocos neîndulcit
- Sare și piper negru proaspăt măcinat
- $1/2$ cană alune prăjite nesărate, măcinate sau zdrobite, pentru ornat
- 2 linguri coriandru proaspăt tocat, pentru decor

Într-o cratiță medie cu apă clocotită, gătiți tempeh-ul timp de 30 de minute. Scurgeți și uscați.

Într-o tigaie mare, încălziți 1 lingură de ulei la foc mediu. Adăugați tempehul și gătiți până când devine auriu pe ambele părți, aproximativ 10 minute. Scoateți din tigaie și lăsați deoparte.

În aceeași tigaie, încălziți restul de 1 lingură de ulei la foc mediu. Adăugați ceapa, usturoiul, ardeiul gras roșu și verde și ardei iute. Acoperiți și gătiți până se înmoaie, aproximativ 5 minute. Se amestecă roșiile și laptele de cocos. Reduceți focul la mic, adăugați tempehul rezervat, asezonați cu sare și piper după gust și fierbeți, neacoperit, până când sosul scade puțin, aproximativ 30 de minute. Se presară cu arahide și coriandru și se servește imediat.

62. Tempeh de ghimbir-arahide

Face 4 portii

- 1 kilogram tempeh, tăiat în cubulețe de $^1/_2$ inch
- 2 linguri ulei de canola sau de sâmburi de struguri
- ardei gras roșu mediu, tăiat cubulețe de $^1/_2$ inch
- 3 căței de usturoi, tocați
- ciorchine mica ceapa verde, tocata
- 2 linguri de ghimbir proaspăt ras
- 2 linguri sos de soia
- 1 lingura zahar
- $^1/_4$ linguriță de ardei roșu măcinat
- 1 lingura amidon de porumb
- 1 cană apă
- 1 cană alune prăjite nesărate zdrobite
- 2 linguri coriandru proaspăt tocat

Într-o cratiță medie cu apă clocotită, gătiți tempeh-ul timp de 30 de minute. Scurgeți și uscați. Într-o tigaie mare sau wok, încălziți uleiul la foc mediu. Adăugați tempeh și gătiți până se rumenesc ușor, aproximativ 8 minute. Adăugați ardeiul gras și prăjiți până se înmoaie, aproximativ 5 minute. Adăugați usturoiul, ceapa verde și ghimbirul și prăjiți până se simte parfumat, 1 minut.

Într-un castron mic, combinați sosul de soia, zahărul, ardeiul roșu zdrobit, amidonul de porumb și apa. Se amestecă bine, apoi se toarnă în tigaie. Gatiti, amestecand, timp de 5 minute, pana se ingroasa usor. Se amestecă alunele și coriandru. Serviți imediat.

63. Tempeh cu cartofi și varză

Face 4 portii

- 1 kilogram tempeh, tăiat în cubulețe de $^1/_2$ inch
- 2 linguri ulei de canola sau de sâmburi de struguri
- 1 ceapa galbena medie, tocata
- 1 morcov mediu, tocat
- 1 $^1/_2$ linguri boia dulce maghiară
- 2 cartofi rușini medii, curățați și tăiați cubulețe de $^1/_2$ inch
- 3 căni de varză mărunțită
- 1 cutie (14,5 uncii) de roșii tăiate cubulețe, scurse
- $^1/_4$ cană vin alb sec
- 1 cană bulion de legume, de casă (vezi bulion ușor de legume) sau cumpărat din magazin Sare și piper negru proaspăt măcinat
- $^1/_2$ cană smântână vegană, de casă (vezi Smântână Tofu) sau cumpărată din magazin (opțional)

Într-o cratiță medie cu apă clocotită, gătiți tempeh-ul timp de 30 de minute. Scurgeți și uscați.

Într-o tigaie mare, încălziți 1 lingură de ulei la foc mediu. Adăugați tempehul și gătiți până când devine auriu pe ambele părți, aproximativ 10 minute. Scoateți tempehul și lăsați-l deoparte.

În aceeași tigaie, încălziți restul de 1 lingură de ulei la foc mediu. Adăugați ceapa și morcovul, acoperiți și gătiți până se înmoaie, aproximativ 10 minute. Se amestecă boia, cartofii, varza, roșiile, vinul și bulionul și se aduce la fierbere. Se condimenteaza cu sare si piper dupa gust

Reduceți focul la mediu, adăugați tempeh și fierbeți, neacoperit, timp de 30 de minute sau până când legumele sunt fragede și aromele sunt amestecate. Adaugati smantana, daca folositi, si serviti imediat.

64. Tocană Succotash de Sud

Face 4 portii

- 10 uncii tempeh
- 2 linguri ulei de masline
- 1 ceapa mare dulce galbena, tocata marunt
- 2 cartofi ruşini medii, curăţaţi şi tăiaţi cubuleţe de $^1/_2$ inch
- 1 cutie (14,5 uncii) de roşii tăiate cubuleţe, scurse
- 1 pachet (16 uncii) succotash congelat
- 2 căni de bulion de legume, de casă (vezi bulion de legume uşoare) sau cumpărat din magazin sau apă
- 2 linguri sos de soia
- 1 lingurita mustar uscat
- 1 lingurita zahar
- $^1/_2$ linguriţă de cimbru uscat
- $^1/_2$ linguriţă de ienibahar măcinat
- $^1/_4$ linguriţă cayenne măcinate
- Sare şi piper negru proaspăt măcinat

Într-o cratiță medie cu apă clocotită, gătiți tempeh-ul timp de 30 de minute. Scurgeți, uscați și tăiați cubulețe de 1 inch.

Într-o tigaie mare, încălziți 1 lingură de ulei la foc mediu. Adăugați tempeh și gătiți până se rumenesc pe ambele părți, aproximativ 10 minute. Pune deoparte.

Într-o cratiță mare, încălziți restul de 1 lingură de ulei la foc mediu. Adăugați ceapa și gătiți până se înmoaie, 5 minute. Adăugați cartofii, morcovii, roșiile, succotash, bulionul, sosul de soia, muștarul, zahărul, cimbru, ienibaharul și cayenne. Se condimenteaza cu sare si piper dupa gust. Se aduce la fierbere, apoi se reduce focul la mic și se adaugă tempeh. Se fierbe, acoperit, până când legumele sunt fragede, amestecând din când în când, aproximativ 45 de minute.

Cu aproximativ 10 minute înainte ca tocanita să se termine de gătit, amestecați fumul lichid. Gustați, ajustând condimentele dacă este necesar

Serviți imediat.

65. Caserolă Jambalaya la cuptor

Face 4 portii

- 10 uncii tempeh
- 2 linguri ulei de masline
- 1 ceapa galbena medie, tocata
- 1 ardei gras verde mediu, tocat
- 2 catei de usturoi, tocati
- 1 cutie (28 uncii) de roşii tăiate cubuleţe, nescurcate
- $^1/_2$ cană de orez alb

- 1 $^1/_2$ căni de bulion de legume, de casă (vezi bulion ușor de legume) sau cumpărat din magazin sau apă
- 1 $^1/_2$ cani gătite sau 1 cutie (15,5 uncii) de fasole roșu închis, scursă și clătită
- 1 lingura patrunjel proaspat tocat
- 1 $^1/_2$ lingurițe condiment cajun
- 1 lingurita de cimbru uscat
- $^1/_2$ linguriță sare
- $^1/_4$ linguriță piper negru proaspăt măcinat

Într-o cratiță medie cu apă clocotită, gătiți tempeh-ul timp de 30 de minute. Scurgeți și uscați. Tăiați cubulețe de $^1/_2$ inch. Preîncălziți cuptorul la 350°F.

Într-o tigaie mare, încălziți 1 lingură de ulei la foc mediu. Adăugați tempeh și gătiți până se rumenesc pe ambele părți, aproximativ 8 minute. Transferați tempeh-ul într-o tavă de copt de 9 x 13 inci și lăsați-l deoparte.

În aceeași tigaie, încălziți restul de 1 lingură de ulei la foc mediu. Adăugați ceapa, ardeiul gras și usturoiul. Acoperiți și gătiți până când legumele se înmoaie, aproximativ 7 minute.

Adăugați amestecul de legume în vasul de copt cu tempeh. Se amestecă roșiile cu lichidul lor, orezul, bulionul, fasolea, pătrunjelul, condimentele Cajun, cimbru, sare și piper negru. Se amestecă bine, apoi se acoperă strâns și se coace până când orezul este fraged, aproximativ 1 oră. Serviți imediat.

66. Plăcintă cu tempeh și cartofi dulci

Face 4 portii

- 8 uncii tempeh
- 3 cartofi dulci medii, decojiți și tăiați cubulețe de $^1/_2$ inch
- 2 linguri margarina vegana
- $^1/_4$ cană lapte de soia simplu, neîndulcit
- Sare și piper negru proaspăt măcinat
- 2 linguri ulei de masline
- 1 ceapa galbena medie, tocata marunt
- 2 morcovi medii, tocați
- 1 cană mazăre congelată, decongelată
- 1 cană boabe de porumb congelate, dezghețate
- 1 $^1/_2$ căni de sos de ciuperci
- $^1/_2$ linguriță de cimbru uscat

Într-o cratiță medie cu apă clocotită, gătiți tempeh-ul timp de 30 de minute. Scurgeți și uscați. Tăiați mărunt tempeh-ul și puneți-l deoparte.

Se fierb cartofii dulci până se înmoaie, aproximativ 20 de minute. Preîncălziți cuptorul la 350°F. Piureați cartofii dulci cu margarina, laptele de soia și sare și piper, după gust. Pune deoparte.

Într-o tigaie mare, încălziți 1 lingură de ulei la foc mediu. Adăugați ceapa și morcovii, acoperiți și gătiți până se înmoaie, aproximativ 10 minute. Transferați într-o tavă de copt de 10 inchi.

În aceeași tigaie, încălziți restul de 1 lingură de ulei la foc mediu. Adăugați tempeh și gătiți până se rumenesc pe ambele părți, 8 până la 10 minute. Adăugați tempeh-ul în tava de copt cu ceapa și morcovii. Se amestecă sosul de mazăre, porumb și ciuperci. Se adauga cimbrul si sare si piper dupa gust. Se amestecă pentru a combina.

Întindeți piureul de cartofi dulci deasupra, folosind o spatulă pentru a se întinde uniform pe marginile cratiței. Coaceți până când cartofii se rumenesc ușor și umplutura este fierbinte, aproximativ 40 de minute. Serviți imediat.

67. Paste umplute cu vinete şi tempeh

Face 4 portii

- 8 uncii tempeh
- 1 vinete medie
- 12 coji mari de paste
- 1 căţel de usturoi, piure
- $^1/_4$ linguriţă cayenne măcinate
- Sare şi piper negru proaspăt măcinat
- Pesmet uscat necondimentat

- 3 cani de sos marinara, de casa (vezi Sos marinara) sau cumparat din magazin

Într-o cratiță medie cu apă clocotită, gătiți tempeh-ul timp de 30 de minute. Se scurge si se da deoparte la racit.

Preîncălziți cuptorul la 450°F. Înțepăți vinetele cu o furculiță și coaceți pe o foaie de copt ușor unsă cu ulei până se înmoaie, aproximativ 45 de minute.

În timp ce vinetele se coace, gătiți cojile de paste într-o oală cu apă clocotită cu sare, amestecând din când în când, până al dente, aproximativ 7 minute. Scurgeți și treceți sub apă rece. Pune deoparte.

Scoateți vinetele din cuptor, tăiați-le în jumătate pe lungime și scurgeți orice lichid. Reduceți temperatura cuptorului la 350°F. Unge ușor o tavă de copt de 9 x 13 inci. Intr-un robot de bucatarie proceseaza usturoiul pana se macina fin. Adăugați tempeh și pulsați până se măcina grosier. Răzuiți pulpa de vinete din coajă și adăugați în robotul de bucătărie împreună cu tempeh și usturoiul. Adăugați cayenne, asezonați cu sare și piper după gust și pulsați pentru a combina. Dacă umplutura este liberă, adăugați niște pesmet.

Întindeți un strat de sos de roșii pe fundul vasului de copt pregătit. Îndesați umplutura în coji până când este bine ambalată.

Aranjați cojile deasupra sosului și turnați sosul rămas peste și în jurul cojilor. Acoperiți cu folie și coaceți până se încinge, aproximativ 30 de minute. Descoperiți, stropiți cu parmezan și coaceți încă 10 minute. Serviți imediat.

68. Singapore Fidea cu Tempeh

Face 4 portii

- 8 uncii de tempeh, tăiat în zaruri de $^1/_2$ inch
- 8 uncii vermicelli de orez
- 1 lingura ulei de susan prajit
- 2 linguri ulei de rapita sau de samburi de struguri
- 4 linguri sos de soia
- $^1/_3$ cană unt de arahide cremos
- $^1/_2$ cană lapte de cocos neîndulcit
- $^1/_2$ cană apă
- 1 lingura suc proaspat de lamaie
- 1 lingurita zahar brun deschis
- $^1/_2$ linguriță cayenne măcinate
- 1 ardei gras rosu mediu, tocat

- 3 căni de varză mărunțită
- 3 catei de usturoi
- 1 cana ceapa verde tocata
- 2 lingurițe de ghimbir proaspăt ras
- 1 cană de mazăre congelată, decongelată
- Sare
- $1/4$ ceasca alune prajite nesarate tocate, pentru garnitura
- 2 linguri coriandru proaspăt tocat, pentru decor

Într-o cratiță medie cu apă clocotită, gătiți tempeh-ul timp de 30 de minute. Scurgeți și ștergeți. Înmuiați vermicelli de orez într-un castron mare cu apă fierbinte până se înmoaie, aproximativ 5 minute. Scurgeți bine, clătiți și transferați într-un castron mare. Se amestecă cu uleiul de susan și se lasă deoparte.

Într-o tigaie mare, încălziți 1 lingură de ulei de canola la foc mediu-mare. Adăugați tempeh gătit și gătiți până se rumenesc pe toate părțile, adăugând 1 lingură de sos de soia pentru a adăuga culoare și aromă. Scoateți tempeh-ul din tigaie și lăsați-l deoparte.

Într-un blender sau robot de bucătărie, combinați untul de arahide, laptele de cocos, apa, sucul de lămâie, zahărul, cayenne și celelalte 3 linguri de sos de soia. Procesați până la omogenizare și lăsați deoparte.

Într-o tigaie mare, încălziți restul de 1 lingură de ulei de canola la foc mediu-mare. Adăugați ardeiul gras, varza, usturoiul, ceapa verde și ghimbirul și gătiți, amestecând din când în când până se înmoaie, aproximativ 10 minute. Reduceți căldura la minim; se amestecă

mazărea, tempehul rumenit şi tăiţeii înmuiaţi. Se
amestecă sosul, se adaugă sare după gust şi se fierbe
până se fierbe.

Se transferă într-un castron mare de servire, se ornează
cu alune tocate şi coriandru şi se serveşte.

69. Tempeh Bacon

Face 4 portii

6 uncii tempeh
2 linguri ulei de rapita sau de samburi de struguri
2 linguri sos de soia
$1/2$ linguriță de fum lichid

Într-o cratiță medie cu apă clocotită, gătiți tempeh-ul timp de 30 de minute. Dați deoparte să se răcească, apoi uscați-o și tăiați-o în fâșii de $1/8$ inch.

Într-o tigaie mare, încălziți uleiul la foc mediu. Adăugați feliile de tempeh și prăjiți pe ambele părți până se rumenesc, aproximativ 3 minute pe fiecare parte. Stropiți cu sosul de soia și fumul lichid, având grijă să nu stropiți. Întoarceți tempehul pentru a acoperi. Se serveste fierbinte.

70. Spaghete And T-Balls

Face 4 portii

- 1 liră tempeh
- 2 sau 3 catei de usturoi, tocati marunt
- 3 linguri patrunjel proaspat tocat marunt
- 3 linguri sos de soia
- 1 lingură ulei de măsline, plus mai mult pentru gătit
- ¾ cană pesmet proaspăt
- $1/3$ cană făină de gluten de grâu (gluten vital de grâu)
- 3 linguri drojdie nutritiva
- $1/2$ linguriță de oregano uscat
- $1/2$ linguriță sare
- $1/4$ linguriță piper negru proaspăt măcinat

- 1 kilogram spaghete
- 3 cani de sos marinara, de casa (vezi stanga) sau cumparat din magazin

Într-o cratiță medie cu apă clocotită, gătiți tempeh-ul timp de 30 de minute. Se scurge bine și se taie în bucăți.

Puneți tempehul fiert într-un robot de bucătărie, adăugați usturoiul și pătrunjelul și amestecați până se măcina grosier. Adăugați sosul de soia, uleiul de măsline, pesmetul, făina de gluten, drojdia, oregano, sare și piper negru și amestecați, lăsând puțină textură. Răzuiți amestecul de tempeh într-un castron și folosiți mâinile pentru a frământa amestecul până se omogenizează bine, 1 până la 2 minute. Folosiți-vă mâinile pentru a rula amestecul în bile mici, nu mai mari de 1 $^1/_2$ inci în diametru. Repetați cu amestecul de tempeh rămas.

Într-o tigaie mare ușor unsă cu ulei, încălziți un strat subțire de ulei la foc mediu. Adăugați bilele în formă de T, în loturi, dacă este necesar, și gătiți până se rumenesc, mutându-le în tigaie după cum este necesar pentru o rumenire uniformă, 15 până la 20 de minute. Alternativ, puteți aranja bilele în T pe o foaie de copt unsă cu ulei și le puteți coace la 350 ° F timp de 25 până la 30 de minute, întorcându-le o dată la jumătate.

Într-o oală mare cu apă clocotită cu sare, gătiți spaghetele la foc mediu-mare, amestecând din când în când, până al dente, aproximativ 10 minute.

În timp ce spaghetele se gătesc, încălziți sosul marinara într-o cratiță medie la foc mediu până se încinge.

Când pastele sunt fierte, scurgeți bine și împărțiți-le în 4 farfurii sau boluri de paste puțin adânci. Acoperiți fiecare porție cu câteva dintre bile în T. Turnați sosul peste T-Balls și spaghete și serviți fierbinți. Combinați toate bilele T rămase și sosul într-un castron de servire și serviți.

71. Paglia E Fieno cu mazăre

Face 4 portii

- $^1/_3$ cană plus 1 lingură ulei de măsline
- 2 salote medii, tocate fin
- $^1/_4$ cană slănină tempeh tocată, de casă (vezi slănină tempeh) sau cumpărată din magazin (opțional)
- Sare și piper negru proaspăt măcinat
- 8 uncii linguine obișnuite sau integrale
- 8 uncii linguine cu spanac
- Parmezan sau Parmasio vegan

Într-o tigaie mare, încălziți 1 lingură de ulei la foc mediu. Adaugati salota si gatiti pana se inmoaie, aproximativ 5 minute. Adăugați baconul tempeh, dacă folosiți, şi gătiți până se rumeneşte frumos. Se amestecă ciupercile şi se gătesc până se înmoaie, aproximativ 5 minute. Se condimenteaza cu sare si piper dupa gust. Se amestecă mazărea şi restul de $1/3$ cană de ulei. Se acopera si se tine la cald la foc foarte mic.

Într-o oală mare cu apă clocotită cu sare, gătiți linguine la foc mediu-mare, amestecând din când în când, până al dente, aproximativ 10 minute. Scurgeți bine şi transferați într-un castron mare de servire.

Se adauga sosul, se condimenteaza cu sare si piper dupa gust si se presara cu parmezan. Se amestecă uşor pentru a se combina şi se serveşte imediat.

SEITAN

72. Seitan de bază fiert

Face aproximativ 2 lire sterline

Seitan

- 1¾ cani de faina de gluten de grau (gluten vital de grau)
- $1/2$ linguriță sare
- $1/2$ lingurita praf de ceapa
- $1/4$ linguriță boia dulce
- 1 lingura ulei de masline
- 2 linguri sos de soia
- 1 $2/3$ căni de apă rece

Lichid pentru fierbere:
- 2 litri de apă
- $^{1}/_{2}$ cană sos de soia
- 2 catei de usturoi, macinati

Preparați seitanul: într-un robot de bucătărie, combinați făina de gluten de grâu, drojdia nutritivă, sarea, praful de ceapă și boia de ardei. Puls pentru a amesteca. Adăugați uleiul, sosul de soia și apa și procesați timp de un minut pentru a forma un aluat. Întoarceți amestecul pe o suprafață de lucru înfăinată ușor și frământați până când este omogen și elastic, aproximativ 2 minute.

Preparați lichidul la fiert: într-o cratiță mare, combinați apa, sosul de soia și usturoiul.

Împărțiți aluatul de seitan în 4 bucăți egale și puneți-l în lichidul care fierbe. Aduceți la fierbere la foc mediu-mare, apoi reduceți focul la mediu-scăzut, acoperiți și fierbeți ușor, întorcându-se ocazional, timp de 1 oră. Opriți focul și lăsați seitanul să se răcească în lichid. Odată răcit, seitanul poate fi folosit în rețete sau refrigerat în lichid într-un recipient ermetic închis până la o săptămână sau congelat până la 3 luni.

73. Friptură de Seitan la cuptor

Face 6 portii

- 1 reteta Seitan de baza fiert , nefiert
- 1 lingura ulei de masline
- 1 ceapa galbena mica, tocata
- 1 coastă de țelină, tocată
- $^1/_2$ linguriță de cimbru uscat
- $^1/_2$ linguriță de salvie uscată
- $^1/_2$ cană apă sau mai mult dacă este necesar
- Sare și piper negru proaspăt măcinat
- 2 cesti cuburi de paine proaspata
- $^1/_4$ cană pătrunjel proaspăt tocat

Asezati seitanul crud pe o suprafata de lucru infainata usor si intindeti-l cu mainile usor infainate pana devine plat si grosime de aproximativ $^1/_2$ inch. Puneți seitanul turtit între două foi de folie de plastic sau hârtie de pergament. Foloseşte un sucitor pentru a-l aplatiza cât poți de mult (va fi elastic şi rezistent). Acoperiți cu o foaie de copt cântărită cu un galon de apă sau conserve şi lăsați-o să se odihnească în timp ce faceți umplutura.

Într-o tigaie mare, încălziți uleiul la foc mediu. Adăugați ceapa şi țelina. Acoperiți şi gătiți până se înmoaie, 10 minute. Se amestecă cimbrul, salvia, apa şi sare şi piper după gust. Se ia de pe foc si se da deoparte. Pâinea şi pătrunjelul se pun într-un castron mare. Adaugati amestecul de ceapa si amestecati bine, adaugand putina apa daca umplutura este prea uscata. Gustați, ajustând condimentele dacă este necesar. dacă este necesar. Pune deoparte.

Preîncălziți cuptorul la 350°F. Unge uşor o tavă de copt de 9 x 13 inci şi pune deoparte. Întindeți seitanul turtit cu un sucitor până când are aproximativ $^1/_4$ inch grosime. Întindeți umplutura pe suprafața seitan si ruleaza-l cu grija si uniform. Puneți cusătura de friptură în jos în tava de copt pregătită. Frecați puțin ulei pe partea de sus şi pe părțile laterale ale fripturii şi coaceți, acoperit timp de 45 de minute, apoi descoperiți şi coaceți până când maro ferm şi lucios, aproximativ 15 minute mai mult.

Scoateți din cuptor și lăsați deoparte 10 minute înainte de a tăia felii. Folosiți un cuțit zimțat pentru a-l tăia în felii de $1/2$ inch. Notă: Pentru o feliere mai ușoară, faceți friptura înainte și răciți complet înainte de a feli. Tăiați friptura totală sau parțială și apoi reîncălziți la cuptor, bine acoperit, timp de 15 până la 20 de minute, înainte de servire.

74. Seitan oala friptura

Face 4 portii

- 1 reteta Seitan fiert de baza
- 2 linguri ulei de masline
- 3 până la 4 eşalote medii, tăiate la jumătate pe lungime
- 1 kilogram de cartofi Yukon Gold, decojiţi şi tăiaţi în bucăţi de 2 inci
- $1/2$ linguriţă cidruncinat uscat
- $1/4$ linguriţă de salvie măcinată
- Sare şi piper negru proaspăt măcinat
- Hrean, a servi

Urmați instrucțiunile pentru prepararea Seitanului Basic Simmered, dar împărțiți aluatul de seitan în 2 bucăți în loc de 4 înainte de a fierbe. După ce seitanul s-a răcit în bulionul său timp de 30 de minute, se scoate din cratiță și se lasă deoparte. Rezervați lichidul de gătit, aruncând orice solid. Păstrați 1 bucată de seitan (aproximativ 1 kg) pentru utilizare ulterioară, așezând-o într-un castron și acoperind-o cu o parte din lichidul de gătit rezervat. Acoperiți și lăsați la frigider până este nevoie. Dacă nu utilizați în decurs de 3 zile, răciți complet seitanul, înfășurați strâns și înghețați.

Într-o cratiță mare, încălziți 1 lingură de ulei la foc mediu. Adăugați șalota și morcovii. Acoperiți și gătiți timp de 5 minute. Adăugați cartofii, cimbru, cimbru, salvie și sare și piper după gust. Adăugați 1 $^1/_2$ căni de lichid de gătit rezervat și aduceți la fierbere. Reduceți focul la mic și gătiți, acoperit, timp de 20 de minute.

Se freacă seitanul rezervat cu 1 lingură de ulei rămasă și boia de ardei. Peste legumele fierte se pune seitanul. Acoperiți și continuați să gătiți până când legumele sunt fragede, încă aproximativ 20 de minute. Tăiați seitanul în felii subțiri și aranjați-l pe un platou mare de servire înconjurat de legumele fierte. Se serveste imediat, cu hrean in parte.

75. Cina de Ziua Recunoștinței aproape cu un singur fel de mâncare

Face 6 portii

- 2 linguri ulei de masline
- 1 cana ceapa tocata marunt
- 2 coaste de telina, tocate marunt
- 2 cani de ciuperci albe feliate
- $1/2$ linguriță de cimbru uscat
- $1/2$ linguriță cidruncinat uscat
- $1/2$ linguriță de salvie măcinată
- Ciupiți nucșoară măcinată
- Sare și piper negru proaspăt măcinat

- 2 cesti cuburi de paine proaspata
- 2 $1/2$ căni bulion de legume, de casă (vezi bulion uşor de legume) sau cumpărat din magazin
- $1/3$ cană de afine uscate îndulcite
- 8 uncii de tofu extra ferm, scurs şi tăiat în felii de $1/4$ inch
- Seitan de 8 uncii, de casă sau cumpărat din magazin, feliat foarte subţire
- 2 $1/2$ căni de piure de cartofi de bază
- 1 foaie de foietaj congelat, decongelat

Preîncălziţi cuptorul la 400°F. Unge uşor o tavă pătrată de copt de 10 inci. Într-o tigaie mare, încălziţi uleiul la foc mediu. Adăugaţi ceapa şi ţelina. Acoperiţi şi gătiţi până se înmoaie, aproximativ 5 minute. Se amestecă ciupercile, cimbru, cimbru, salvie, nucşoară şi sare şi piper după gust. Gatiti, neacoperit, pana cand ciupercile sunt fragede, aproximativ 3 minute mai mult. Pune deoparte.

Într-un castron mare, combinaţi cuburile de pâine cu cât de mult bulion este necesar pentru a se umezi (aproximativ

1 $1/2$ cesti). Adăugaţi amestecul de legume fierte, nucile şi merisoarele. Se amestecă pentru a se amesteca bine şi se lasă deoparte.

În aceeaşi tigaie, aduceţi 1 cană de bulion rămasă la fiert, reduceţi căldura la mediu, adăugaţi tofu şi fierbeţi, neacoperit, până când bulionul se absoarbe, aproximativ 10 minute. Pune deoparte.

Întindeți jumătate din umplutura pregătită în fundul vasului de copt pregătit, urmată de jumătate de seitan, jumătate de tofu și jumătate de sos brun. Repetați stratificarea cu umplutura rămasă, seitan, tofu și sos.

76. Seitan Milanese cu Panko si Lemon

Face 4 portii

- 2 căni de panko
- $1/4$ cană pătrunjel proaspăt tocat
- $1/2$ linguriță sare
- $1/4$ linguriță piper negru proaspăt măcinat
- 1 kilogram de seiitan, de casă sau cumpărat din magazin, tăiat felii de $1/4$ inch
- 2 linguri ulei de masline
- 1 lămâie, tăiată felii

Preîncălziți cuptorul la 250°F. Într-un castron mare, combinați panko, pătrunjelul, sarea și piperul. Umeziți seitanul cu puțină apă și dragați-l în amestecul de panko.

Într-o tigaie mare, încălziți uleiul la foc mediu-mare. Se adaugă seitanul și se fierbe, întorcându-se o dată, până se rumenește, lucrând în reprize, dacă este necesar. Transferați seitanul fiert pe o foaie de copt și păstrați-l cald în cuptor în timp ce gătiți restul. Se serveste imediat, cu felii de lamaie.

77. Seitan cu crustă de susan

Face 4 portii

- $1/3$ cană de semințe de susan
- $1/3$ cană făină universală
- $1/2$ linguriță sare
- $1/4$ linguriță piper negru proaspăt măcinat
- $1/2$ cană lapte de soia simplu, neîndulcit
- 1 kilogram de seitan, seitan de casă sau cumpărat din magazin, tăiat în felii de $1/4$ inch
- 2 linguri ulei de masline

Puneți semințele de susan într-o tigaie uscată la foc mediu și prăjiți până devin aurii, amestecând constant, timp de 3 până la 4 minute. Lăsați-le deoparte să se răcească, apoi măcinați-le într-un robot de bucătărie sau într-un râșniță de condimente.

Puneți semințele de susan măcinate într-un bol puțin adânc și adăugați făina, sare și piperul și amestecați bine. Puneți laptele de soia într-un vas puțin adânc. Înmuiați seitanul în laptele de soia, apoi treceți-l în amestecul de susan.

Într-o tigaie mare, încălziți uleiul la foc mediu. Adăugați seitanul, în reprize, dacă este necesar, și gătiți până devine crocant și auriu pe ambele părți, aproximativ 10 minute. Serviți imediat.

78. Seitan cu anghinare si masline

Face 4 portii

- 2 linguri ulei de masline
- 1 kilogram de seiitan, de casă sau cumpărat din magazin, tăiat în felii de $^1/_{4\,inch}$
- 2 catei de usturoi, tocati
- 1 cutie (14,5 uncii) de roşii tăiate cubuleţe, scurse
- 1 $^1/_2$ cani de inimioare de anghinare conservate sau congelate (fierte), tăiate în felii de $^1/_{4\,inch}$
- 1 lingura capere
- 2 linguri patrunjel proaspat tocat
- Sare şi piper negru proaspăt măcinat
- 1 cană Tofu Feta (opţional)

Preîncălziți cuptorul la 250°F. Într-o tigaie mare, încălziți 1 lingură de ulei la foc mediu-mare. Se adaugă seitanul și se rumenește pe ambele părți, aproximativ 5 minute. Transferați seitanul pe un platou termorezistent și păstrați-l cald în cuptor.

În aceeași tigaie, încălziți restul de 1 lingură de ulei la foc mediu. Adăugați usturoiul și gătiți până devine parfumat, aproximativ 30 de secunde. Adăugați roșiile, inimile de anghinare, măslinele, caperele și pătrunjelul. Asezonați cu sare și piper după gust și gătiți până se încinge, aproximativ 5 minute. Pune deoparte.

Puneți seitanul pe un platou de servire, acoperiți cu amestecul de legume și stropiți cu tofu feta, dacă folosiți. Serviți imediat.

79. Seitan Cu Sos Ancho-Chipotle

Face 4 portii

- 2 linguri ulei de masline
- 1 ceapa medie, tocata
- 2 morcovi medii, tocați
- 2 catei de usturoi, tocati
- 1 cutie (28 uncii) de roșii prăjite la foc zdrobite
- $^1/_2$ cană bulion de legume, de casă (vezi bulion uşor de legume) sau cumpărat din magazin
- 2 ardei iute ancho uscate
- 1 chipotle chile uscat
- $^1/_2$ cană făină de porumb galbenă

- $^{1}/_{2}$ linguriță sare
- $^{1}/_{4}$ linguriță piper negru proaspăt măcinat
- 1 kilogram de seiitan, de casă sau cumpărat din magazin, tăiat în felii de $^{1}/_{4\ inch}$

Într-o cratiță mare, încălziți 1 lingură de ulei la foc mediu. Adăugați ceapa și morcovii, acoperiți și gătiți timp de 7 minute. Adăugați usturoiul și gătiți 1 minut. Se amestecă roșiile, bulionul și ardeiul ancho și chipotle. Se fierbe, neacoperit, timp de 45 de minute, apoi se toarnă sosul într-un blender și se amestecă până la omogenizare. Se intoarce in cratita si se tine la cald la foc foarte mic.

Într-un castron puțin adânc, combinați făina de porumb cu sare și piper. Dragați seitanul în amestecul de făină de porumb, acoperind uniform.

Într-o tigaie mare, încălziți cele 2 linguri de ulei rămase la foc mediu. Adaugati seitanul si gatiti pana se rumenesc pe ambele parti, aproximativ 8 minute in total. Serviți imediat cu sosul de chile.

80. Seitan Piccata

Face 4 portii

- 1 kilogram seitan, de casă sau cumpărat din magazin, tăiat în felii de $1/4$ inch Sare şi piper negru proaspăt măcinat
- $1/2$ cană făină universală
- 2 linguri ulei de masline
- 1 şalotă medie, tocată
- 2 catei de usturoi, tocati
- 2 linguri capere
- $1/3$ cană de vin alb
- $1/3$ cană bulion de legume, de casă (vezi bulion uşor de legume) sau cumpărat din magazin
- 2 linguri suc proaspăt de lămâie
- 2 linguri margarina vegana
- 2 linguri patrunjel proaspat tocat

Preîncălziţi cuptorul la 275°F. Se condimentează seitanul cu sare şi piper după gust şi se strecoară în făină.

Într-o tigaie mare, încălziţi 2 linguri de ulei la foc mediu. Adaugati seitanul dragat si gatiti pana se rumenesc usor pe ambele parti, aproximativ 10 minute. Transferaţi seitanul pe un platou rezistent la căldură şi păstraţi-l cald în cuptor.

În aceeaşi tigaie, încălziţi restul de 1 lingură de ulei la foc mediu. Adăugaţi eşapa şi usturoiul, gătiţi timp de 2 minute, apoi adăugaţi caperele, vinul şi bulionul. Se fierbe un minut sau două pentru a reduce puţin, apoi se adaugă sucul de lămâie, margarina şi pătrunjelul, amestecând până când margarina se amestecă în sos. Se toarnă sosul peste seitanul rumenit şi se serveşte imediat.

81. Seitan cu trei semințe

Face 4 portii

- $^1/_4$ cană semințe de floarea soarelui decojite, nesărate
- $^1/_4$ cană de semințe de dovleac decojite nesărate (pepitas)
- $^1/_4$ cană de semințe de susan
- ¾ cană făină universală
- 1 lingurita coriandru macinat
- 1 lingurita boia afumata
- $^1/_2$ linguriță sare
- $^1/_4$ linguriță piper negru proaspăt măcinat
- 1 liră de seitan, de casă sau cumpărat din magazin, tăiat în bucăți mici
- 2 linguri ulei de masline

Într-un robot de bucătărie, combinați semințele de floarea soarelui, semințele de dovleac și semințele de susan și măcinați până la o pudră. Transferați într-un castron puțin adânc, adăugați făina, coriandru, boia de ardei, sare și piper și amestecați pentru a se combina.

Umeziți bucățile de seitan cu apă, apoi dragați amestecul de semințe pentru a acoperi complet.

Într-o tigaie mare, încălziți uleiul la foc mediu. Adăugați seitanul și gătiți până se rumenește ușor și devine crocant pe ambele părți. Serviți imediat.

82. Fajitas fără frontiere

Face 4 portii

- 1 lingura ulei de masline
- 1 ceapa rosie mica, tocata
- 10 uncii de seiitan, de casă sau cumpărat din magazin, tăiat în fâşii de $^1/_{2\,inch}$
- $^1/_4$ cană ardei iute verde la conserva iute sau uşor tocat
- Sare şi piper negru proaspăt măcinat
- (10 inchi) tortilla moale de făină
- 2 căni de salsa de roşii, de casă (vezi Salsa de roşii proaspete) sau cumpărată din magazin

Într-o tigaie mare, încălziți uleiul la foc mediu. Adăugați ceapa, acoperiți și gătiți până se înmoaie, aproximativ 7 minute. Se adaugă seitanul și se fierbe, neacoperit, timp de 5 minute.

Adăugați cartofii dulci, ardei iute, oregano și sare și piper după gust, amestecând pentru a se amesteca bine. Continuați să gătiți până când amestecul este fierbinte și aromele sunt bine combinate, amestecând ocazional, aproximativ 7 minute.

Încălziți tortilla într-o tigaie uscată. Puneți fiecare tortilla într-un castron puțin adânc. Turnați amestecul de seitan și cartofi dulci în tortilla, apoi acoperiți fiecare cu aproximativ $1/3$ cană de salsa. Stropiți fiecare castron cu 1 lingura de masline, daca se foloseste. Serviți imediat, cu orice salsa rămasă servită în lateral.

83. Seitan cu gust de mere verde

Face 4 portii

- 2 mere Granny Smith, tocate grosier
- $1/2$ cana ceapa rosie tocata marunt
- $1/2$ chile jalapeño, fără semințe și tocat
- 1 $1/2$ lingurițe de ghimbir proaspăt ras
- 2 linguri suc proaspăt de lămâie
- 2 lingurite nectar de agave
- Sare și piper negru proaspăt măcinat
- 2 linguri ulei de masline
- 1 kilogram de seiitan, de casă sau cumpărat din magazin, tăiat în felii de $1/2$ inch

Într-un castron mediu, combinați merele, ceapa, chile, ghimbirul, sucul de lămâie, nectarul de agave și sare și piper după gust. Pune deoparte.

Încinge uleiul într-o tigaie la foc mediu. Adăugați seitanul și gătiți până se rumenesc pe ambele părți, întorcându-l o dată, aproximativ 4 minute pe fiecare parte. Se condimenteaza cu sare si piper dupa gust. Adăugați sucul de mere și gătiți timp de un minut până scade. Serviți imediat cu gust de mere.

84. Seitan și Broccoli-Shiitake Stir-Fry

Face 4 portii

- 2 linguri ulei de canola sau de sâmburi de struguri
- 10 uncii de seitan, de casă sau cumpărat din magazin, tăiat în felii de $^1/_{4\,inch}$
- 3 catei de usturoi, tocati
- 2 lingurițe de ghimbir proaspăt ras
- ceapa verde, tocata
- 1 buchet mediu de broccoli, tăiat în buchețe de 1 inch
- 3 linguri sos de soia
- 2 linguri sherry uscat
- 1 lingurita ulei de susan prajit
- 1 lingura de seminte de susan prajite

Într-o tigaie mare, încălziți 1 lingură de ulei la foc mediu-mare. Adaugati seitanul si gatiti, amestecand din cand in cand pana se rumenesc usor, aproximativ 3 minute. Transferați seitanul într-un castron și lăsați-l deoparte.

În aceeași tigaie, încălziți restul de 1 lingură de ulei la foc mediu-mare. Adăugați ciupercile și gătiți, amestecând des, până se rumenesc, aproximativ 3 minute. Amestecați usturoiul, ghimbirul și ceapa verde și gătiți încă 30 de secunde. Adăugați amestecul de ciuperci în seitanul fiert și lăsați deoparte.

Adăugați broccoli și apă în aceeași tigaie. Acoperiți și gătiți până când broccoli începe să devină verde strălucitor, aproximativ 3 minute. Descoperiți și gătiți, amestecând frecvent, până când lichidul se evaporă și broccoli este crocant și fraged, cu aproximativ 3 minute mai mult.

Puneți amestecul de seitan și ciuperci în tigaie. Se adauga sosul de soia si sherry si se calesc pana seitanul si legumele sunt fierbinti, aproximativ 3 minute. Stropiți cu ulei de susan și semințe de susan și serviți imediat.

85. Broşete seitan cu piersici

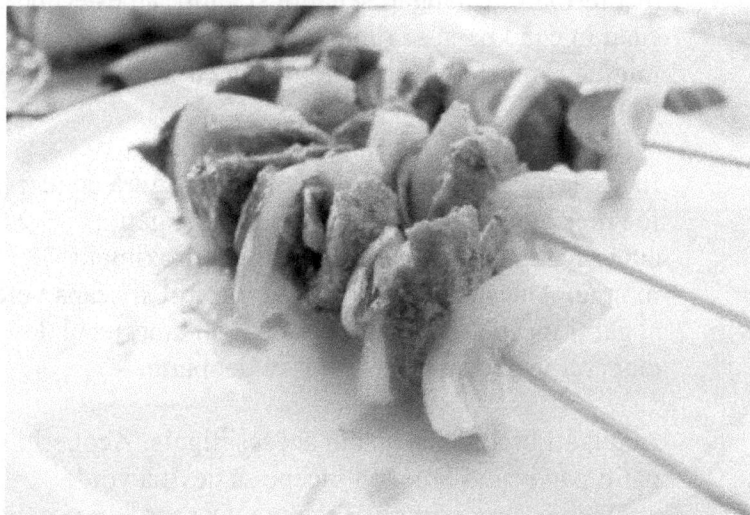

Face 4 portii

- $^1/_3$ cană oţet balsamic
- 2 linguri vin rosu sec
- 2 linguri de zahar brun deschis
- $^1/_4$ cană busuioc proaspăt tocat
- $^1/_4$ cană maghiran proaspăt tocat
- 2 linguri de usturoi tocat
- 2 linguri ulei de masline
- 1 liră de seitan, de casă sau cumpărat din magazin, tăiat în bucăţi de 1 inch
- eşalotă, tăiată în jumătate pe lungime şi albită
- Sare şi piper negru proaspăt măcinat
- 2 piersici coapte, fără sâmburi şi tăiate în bucăţi de 1 inch

Combinați oțetul, vinul și zahărul într-o cratiță mică și aduceți la fierbere. Reduceți focul la mediu și fierbeți, amestecând, până scade la jumătate, aproximativ 15 minute. Se ia de pe foc.

Într-un castron mare, combinați busuiocul, maghiranul, usturoiul și uleiul de măsline. Adăugați seitanul, eșalota și piersicile și amestecați până se îmbracă. Se condimenteaza cu sare si piper dupa gust

Preîncălziți grătarul. * Așezați seitanul, eșalota și piersicile pe frigărui și ungeți cu amestecul balsamic.

Puneți broșetele pe grătar și gătiți până când seitanul și piersicile sunt la grătar, aproximativ 3 minute pe parte. Ungeți cu amestecul de balsamic rămas și serviți imediat.

* În loc de grătar, puteți pune aceste broșete sub broiler. Se prăjește la 4 până la 5 inci de la căldură până când este fierbinte și ușor rumenit pe margini, aproximativ 10 minute, întorcându-se o dată la jumătate.

86. Seitan la grătar și Kabobs de legume

Face 4 portii

- $^1/_3$ cană oțet balsamic
- 2 linguri ulei de masline
- 1 lingura de oregano proaspat tocat sau 1 lingurita uscata
- 2 catei de usturoi, tocati
- $^1/_2$ linguriță sare
- $^1/_4$ linguriță piper negru proaspăt măcinat
- 1 kilogram de seitan, de casă sau cumpărat din magazin, tăiat în cuburi de 1 inch
- 7 uncii ciuperci albe mici, ușor clătite și uscate
- 2 dovlecei mici, tăiați în bucăți de 1 inch
- 1 ardei gras galben mediu, tăiat în pătrate de 1 inch
- roșii cherry coapte

Într-un castron mediu, combinați oțetul, uleiul, oregano, cimbru, usturoi, sare și piper negru. Adăugați seitanul, ciupercile, dovlecelul, ardeiul gras și roșiile, întorcându-se să se învelească. Marinați la temperatura camerei timp de 30 de minute, întorcându-le din când în când. Scurgeți seitanul și legumele, rezervând marinada.

Preîncălziți grătarul. *Așezați seitanul, ciupercile și roșiile pe frigărui.

Puneți frigăruile pe grătarul fierbinte și gătiți, întorcând broșele o dată la jumătatea grătarului, aproximativ 10 minute în total. Stropiți cu o cantitate mică din marinada rezervată și serviți imediat.

*În loc de grătar, puteți pune aceste frigărui sub broiler. Prăjiți la 4 până la 5 inci de căldură până când este fierbinte și ușor rumenit pe margini, aproximativ 10 minute, întorcându-se o dată la jumătatea coacerii.

87. Seitan En Croute

Face 4 portii

- 1 lingura ulei de masline
- 2 salote medii, tocate
- uncii de ciuperci albe, tocate
- $1/4$ cană Madeira
- 1 lingura patrunjel proaspat tocat
- $1/2$ linguriță de cimbru uscat
- $1/2$ linguriță cidruncinat uscat
- 2 cesti cuburi de paine uscata tocate marunt
- Sare și piper negru proaspăt măcinat
- 1 foaie de foietaj congelată, decongelată
- ($1/4$ inch grosime) felii de seitan aproximativ 3 X 4 inch ovale sau dreptunghiuri, uscate

Într-o tigaie mare, încălziți uleiul la foc mediu. Adaugati salota si gatiti pana se inmoaie, aproximativ 3 minute. Adăugați ciupercile și gătiți, amestecând din când în când, până când ciupercile se înmoaie, aproximativ 5 minute. Adăugați Madiera, pătrunjelul, cimbru și cimbru și gătiți până când lichidul este aproape evaporat. Se amestecă cuburile de pâine și se condimentează cu sare și piper după gust. Se da deoparte la racit.

Așezați foaia de foietaj pe o bucată mare de folie de plastic pe o suprafață de lucru plană. Acoperiți cu o altă bucată de folie de plastic și folosiți un sucitor pentru a întinde ușor aluatul pentru a netezi. Tăiați aluatul în sferturi. Așezați 1 felie de seitan în centrul fiecărei bucăți de patiserie. Împărțiți umplutura între ele, întindeți-o pentru a acoperi seitanul. Acoperiți fiecare cu feliile de seitan rămase. Îndoiți aluatul pentru a cuprinde umplutura, sertând marginile cu degetele pentru a sigila. Puneți pachetele de patiserie, cu cusătura în jos, pe o tavă mare de copt neunsă și dați la frigider pentru 30 de minute. Preîncălziți cuptorul la 400°F. Coaceți până când crusta devine maro aurie, aproximativ 20 de minute. Serviți imediat.

88. Torta de Seitan si Cartofi

Face 6 portii

- 2 linguri ulei de masline
- 1 ceapa galbena medie, tocata
- 4 căni de spanac proaspăt tocat sau de smog cu tulpină
- 8 uncii de seitan, de casă sau cumpărat din magazin, tocat mărunt
- 1 lingurita maghiran proaspat tocat
- $^1/_2$ linguriță de seminţe de fenicul măcinat
- $^1/_4$ până la $^1/_2$ linguriţă de ardei roşu măcinat
- Sare şi piper negru proaspăt măcinat
- 2 kilograme de cartofi Yukon Gold, decojiţi şi tăiaţi în felii de $^1/_{4\,inch}$
- $^1/_2$ cană parmezan vegan sau Parmasio

Preîncălziți cuptorul la 400°F. Unge ușor o caserolă de 3 litri sau o tavă de copt de 9 x 13 inci și pune deoparte.

Într-o tigaie mare, încălziți 1 lingură de ulei la foc mediu. Adăugați ceapa, acoperiți și gătiți până se înmoaie, aproximativ 7 minute. Adăugați spanacul și gătiți, descoperit, până se ofilește, aproximativ 3 minute. Se amestecă seitanul, măghiranul, semințele de fenicul și ardeiul roșu zdrobit și se gătesc până se combină bine. Se condimenteaza cu sare si piper dupa gust. Pune deoparte.

Întindeți feliile de roșii în fundul tigaii pregătite. Acoperiți cu un strat de felii de cartofi ușor suprapuse. Ungeți stratul de cartofi cu puțin din restul de 1 lingură de ulei și asezonați cu sare și piper după gust. Întindeți peste cartofi aproximativ jumătate din amestecul de seitan și spanac. Acoperiți cu un alt strat de cartofi, urmat de amestecul de seitan și spanac rămas. Acoperiți cu un ultim strat de cartofi, stropiți cu uleiul rămas și sare și piper după gust. Se presara cu parmezan. Acoperiți și coaceți până când cartofii sunt fragezi, 45 de minute până la 1 oră. Descoperiți și continuați coacerea pentru a rumeni blatul, 10 până la 15 minute. Serviți imediat.

89. Plăcintă rustică de cabană

Face 4 până la 6 porții

- Cartofi Yukon Gold, curățați și tăiați cubulețe de 1 inch
- 2 linguri margarina vegana
- $^1/_4$ cană lapte de soia simplu, neîndulcit
- Sare și piper negru proaspăt măcinat
- 1 lingura ulei de masline
- 1 ceapa galbena medie, tocata marunt

- 1 morcov mediu, tocat mărunt
- 1 coastă de țelină, tocată mărunt
- uncii de seitan, de casă sau cumpărat din magazin, tocat mărunt
- 1 cană mazăre congelată
- 1 cană boabe de porumb congelate
- 1 lingurita cimentar uscat
- $1/2$ linguriță de cimbru uscat

Într-o cratiță cu apă clocotită cu sare, fierbeți cartofii până se înmoaie, 15 până la 20 de minute. Se scurge bine si se intoarce in oala. Adăugați margarina, laptele de soia și sare și piper după gust. Se pasează grosier cu un piure de cartofi și se pune deoparte. Preîncălziți cuptorul la 350°F.

Într-o tigaie mare, încălziți uleiul la foc mediu. Adăugați ceapa, morcovul și țelina. Acoperiți și gătiți până se înmoaie, aproximativ 10 minute. Transferați legumele într-o tavă de copt de 9 x 13 inci. Se amestecă seitanul, sosul de ciuperci, mazărea, porumbul, cimbru și cimbru. Se condimentează cu sare și piper după gust și se întinde uniform amestecul în tava de copt.

Acoperiți cu piureul de cartofi, întinzându-l pe marginile tavii de copt. Coaceți până când cartofii se rumenesc și umplutura este spumoasă, aproximativ 45 de minute. Serviți imediat.

90. Seitan cu spanac si rosii

Face 4 portii

- 2 linguri ulei de masline
- 1 kilogram seitan, de casă sau cumpărat din magazin, tăiat în fâşii de $1/4$ inch
- Sare şi piper negru proaspăt măcinat
- 3 catei de usturoi, tocati
- 4 căni de spanac proaspăt pentru copii
- roşii uscate la soare umplute cu ulei, tăiate în fâşii de $1/4$ inch
- $1/2$ cană măsline Kalamata fără sâmburi, tăiate la jumătate
- 1 lingura capere
- $1/4$ linguriţă de ardei roşu măcinat

Într-o tigaie mare, încălziţi uleiul la foc mediu. Adăugaţi seitanul, asezonaţi cu sare şi piper negru după gust şi gătiţi până se rumeneşte, aproximativ 5 minute pe parte.

Adăugați usturoiul și gătiți timp de 1 minut pentru a se înmoaie. Adăugați spanacul și gătiți până se ofilește, aproximativ 3 minute. Se amestecă roșiile, măslinele, caperele și ardeiul roșu zdrobit. Se condimenteaza cu sare si piper negru dupa gust. Gatiti, amestecand, pana cand aromele s-au amestecat, aproximativ 5 minute

Serviți imediat.

91. Seitan și Cartofi Scalloped

Face 4 portii

- 2 linguri ulei de masline
- 1 ceapa galbena mica, tocata
- $^1/_4$ cană ardei gras verde tocat
- cartofi mari Yukon Gold, decojiți și tăiați în felii de $^1/_4$ inch
- $^1/_2$ linguriță sare
- $^1/_4$ linguriță piper negru proaspăt măcinat
- Seitan de 10 uncii, de casă sau cumpărat din magazin, tocat
- $^1/_2$ cană lapte de soia simplu, neîndulcit
- 1 lingura margarina vegana
- 2 linguri patrunjel proaspat tocat, ca garnitura

Preîncălziți cuptorul la 350°F. Unge ușor o tavă pătrată de 10 inchi și pune deoparte.

Într-o tigaie, încălziți uleiul la foc mediu. Adăugați ceapa și ardeiul gras și gătiți până se înmoaie, aproximativ 7 minute. Pune deoparte.

În tava pregătită, puneți un strat de jumătate din cartofi și stropiți cu sare și piper negru după gust. Se presara peste cartofi amestecul de ceapa si ardei gras si seitanul tocat. Acoperiți cu feliile de cartofi rămase și asezonați cu sare și piper negru după gust.

Într-un castron mediu, combinați sosul brun și laptele de soia până se omogenizează bine. Se toarnă peste cartofi. Ungeți stratul superior cu margarină și acoperiți strâns cu folie. Coaceți timp de 1 oră. Scoateți folia și coaceți încă 20 de minute sau până când blatul devine maro auriu. Se serveste imediat presarat cu patrunjel.

92. Prăjirea cu tăiței coreeni

Face 4 portii

- 8 uncii dang myun sau fidea de fasole
- 2 linguri ulei de susan prajit
- 1 lingura zahar
- $^1/_4$ linguriță sare
- $^1/_4$ linguriță cayenne măcinate
- 2 linguri ulei de canola sau de sâmburi de struguri
- 8 uncii de seitan, de casă sau cumpărat din magazin, tăiat în fâșii de $^1/_4$ inch
- 1 ceapă medie, tăiată în jumătate pe lungime și feliată subțire
- 1 morcov mediu, tăiat în bețișoare subțiri de chibrit
- 6 uncii de ciuperci shiitake proaspete, cu tulpină și feliate subțiri
- 3 cesti bok choy feliate fin sau alta varza asiatica
- 3 cepe verde, tocate

- 3 catei de usturoi, tocati marunt
- 1 cană muguri de fasole
- 2 linguri de seminte de susan, pentru garnitura

Înmuiați tăiței în apă fierbinte timp de 15 minute. Scurgeți și clătiți sub apă rece. Pune deoparte.

Într-un castron mic, combinați sosul de soia, uleiul de susan, zahărul, sarea și cayenne și lăsați deoparte.

Într-o tigaie mare, încălziți 1 lingură de ulei la foc mediu-mare. Se adaugă seitanul și se prăjește până se rumeneşte, aproximativ 2 minute. Scoateți din tigaie și lăsați deoparte.

Adăugați restul de 1 lingură de ulei de canola în aceeaşi tigaie și încălziți la foc mediu-mare. Adăugați ceapa și morcovul și prăjiți până se înmoaie, aproximativ 3 minute. Adăugați ciupercile, bok choy, ceapa verde și usturoiul și prăjiți până se înmoaie, aproximativ 3 minute.

Adăugați mugurii de fasole și prăjiți 30 de secunde, apoi adăugați tăiței fierți, seitanul rumenit și amestecul de sos de soia și amestecați pentru a se acoperi. Continuați să gătiți, amestecând din când în când, până când ingredientele sunt fierbinți și bine combinate, 3 până la 5 minute. Transferați într-un vas mare de servire, stropiți cu semințe de susan și serviți imediat.

93. Chili cu fasole roşie condimentată

Face 4 portii

- 1 lingura ulei de masline
- 1 ceapa medie, tocata
- Seitan de 10 uncii, de casă sau cumpărat din magazin, tocat
- 3 căni gătite sau 2 cutii (15,5 uncii) de fasole roşu închis, scursă şi clătită
- (14,5 uncii) cutie de roşii zdrobite
- (14,5 uncii) cubulete de roşii tăiate, scurse
- (4 uncii) cutie de ardei iute verde uşoară sau fierbinte, scurs
- $^1/_2$ cană sos grătar, de casă sau cumpărat din magazin
- 1 cană apă
- 1 lingura sos de soia
- 1 lingură pudră de chili

- 1 lingurita chimen macinat
- 1 linguriță de ienibahar măcinat
- 1 lingurita zahar
- $1/2$ linguriță de oregano măcinat
- $1/4$ linguriță cayenne măcinate
- $1/2$ linguriță sare
- $1/4$ linguriță piper negru proaspăt măcinat

Într-o oală mare, încălziți uleiul la foc mediu. Se adauga ceapa si seitanul. Acoperiți și gătiți, până când ceapa se înmoaie, aproximativ 10 minute.

Se amestecă fasolea, roșiile zdrobite, roșiile tăiate cubulețe și ardei iute. Se amestecă sosul de grătar, apa, sosul de soia, pudra de chili, chimenul, ienibaharul, zahărul, oregano, cayenne, sare și piper negru.

Se aduce la fierbere, apoi se reduce focul la mediu și se fierbe, acoperit, până când legumele sunt fragede, aproximativ 45 de minute. Acoperiți și fierbeți încă aproximativ 10 minute. Serviți imediat.

94. Tocană de toamnă

Face 4 până la 6 porții

- 2 linguri ulei de masline
- Seitan de 10 uncii, de casă sau cumpărat din magazin, tăiat în cuburi de 1 inch
- Sare și piper negru proaspăt măcinat
- 1 ceapa galbena mare, tocata
- 2 catei de usturoi, tocati
- 1 cartof ruginiu mare, decojit și tăiat cubulețe de $1/2$ inch
- 1 păstârnac mediu, tăiat cubulețe de $1/4$ inch tocat
- 1 dovleac mic, decojit, tăiat în jumătate, fără semințe și tăiat cubulețe de $1/2$ inch
- 1 varză cu cap mic, tocată
- 1 cutie (14,5 uncii) de roșii tăiate cubulețe, scurse
- $1 1/2$ cani fierte sau 1 cutie (15,5 uncii) de năut, scurs și clătit

- 2 căni de bulion de legume, de casă (vezi bulion de legume ușoare) sau cumpărat din magazin sau apă
- $1/2$ linguriță maghiran uscat
- $1/2$ linguriță de cimbru uscat
- $1/2$ cană paste sfărâmate din păr de înger

Într-o tigaie mare, încălziți 1 lingură de ulei la foc mediu-mare. Adăugați seitanul și gătiți până se rumenesc pe toate părțile, aproximativ 5 minute. Se condimenteaza cu sare si piper dupa gust si se lasa deoparte.

Într-o cratiță mare, încălziți restul de 1 lingură de ulei la foc mediu. Adăugați ceapa și usturoiul. Acoperiți și gătiți până se înmoaie, aproximativ 5 minute. Adăugați cartofii, morcovul, păstârnacul și dovleceii. Acoperiți și gătiți până se înmoaie, aproximativ 10 minute.

Se amestecă varza, roșiile, năut, bulion, vin, maghiran, cimbru și sare și piper după gust. Se aduce la fierbere, apoi se reduce focul la mic. Acoperiți și gătiți, amestecând din când în când, până când legumele sunt fragede, aproximativ 45 de minute. Adăugați seitanul fiert și pastele și fierbeți până când pastele sunt fragede și aromele se îmbină, aproximativ 10 minute mai mult. Serviți imediat.

95. Orez italian cu Seitan

Face 4 portii

- 2 căni de apă
- 1 cană de orez brun sau alb cu bob lung
- 2 linguri ulei de masline
- 1 ceapa galbena medie, tocata
- 2 catei de usturoi, tocati
- Seitan de 10 uncii, de casă sau cumpărat din magazin, tocat
- 4 uncii ciuperci albe, tocate
- 1 lingurita busuioc uscat
- $1/2$ linguriță de seminţe de fenicul măcinat
- $1/4$ linguriță de ardei roşu măcinat
- Sare şi piper negru proaspăt măcinat

Într-o cratiță mare, aduceți apa la fiert la foc mare.
Adăugați orezul, reduceți focul la mic, acoperiți și gătiți
până se înmoaie, aproximativ 30 de minute.

Într-o tigaie mare, încălziți uleiul la foc mediu.
Adăugați ceapa, acoperiți și gătiți până se înmoaie,
aproximativ 5 minute. Se adaugă seitanul și se fierbe
neacoperit până se rumenește. Amestecați ciupercile și
gătiți până se înmoaie, aproximativ 5 minute mai mult.
Se amestecă busuioc, fenicul, ardei roșu zdrobit și sare
și piper negru după gust.

Transferați orezul fiert într-un bol mare de servire. Se
amestecă amestecul de seitan și se amestecă bine.
Adăugați o cantitate generoasă de piper negru și serviți
imediat.

96. Hash cu doi cartofi

Face 4 portii

- 2 linguri ulei de masline
- 1 ceapa rosie medie, tocata
- 1 ardei gras mediu rosu sau galben, tocat
- 1 cartof ruginiu mediu fiert, decojit şi tăiat cubuleţe de ½ inch
- 1 cartof dulce mediu fiert, decojit şi tăiat cubuleţe de ½ inch
- 2 cani de seitan tocat, de casa
- Sare şi piper negru proaspăt măcinat

Într-o tigaie mare, încălziți uleiul la foc mediu. Adăugați ceapa și ardeiul gras. Acoperiți și gătiți până se înmoaie, aproximativ 7 minute.

Adăugați cartofii albi, cartofii dulci și seitan și asezonați cu sare și piper după gust. Gatiti, neacoperit, pana se rumenesc usor, amestecand des, aproximativ 10 minute. Se serveste fierbinte.

97. Smântână Seitan Enchiladas

PORȚII 8
INGREDIENTE

Seitan

- 1 cană de făină vitală de gluten de grâu
- 1/4 cană făină de năut
- 1/4 cană drojdie nutritivă
- 1 lingurita praf dc ccapa
- 1/2 lingurita praf de usturoi
- 1 1/2 linguriță pudră de supă de legume
- 1/2 cană apă
- 2 linguri suc de lamaie proaspat stors
- 2 linguri sos de soia
- 2 căni de bulion de legume

Sos de smantana

- 2 linguri margarina vegana

- 2 linguri faina
- 1 1/2 cani supa de legume
- 2 cutii (8 oz) de smântână vegană
- 1 cană salsa verde (salsa tomatillo)
- 1/2 lingurita sare
- 1/2 lingurita piper alb macinat
- 1/4 cana coriandru tocat

Enchiladas
- 2 linguri ulei de masline
- 1/2 ceapa medie, taiata cubulete
- 2 catei de usturoi, tocati
- 2 ardei iute serrano, tocați (vezi sfatul)
- 1/4 cană pastă de tomate
- 1/4 cană apă
- 1 lingura chimen
- 2 linguri praf de chili
- 1 lingurita sare
- 15-20 tortilla de porumb
- 1 pachet (8 oz) Bucături Daiya Cheddar Style
- 1/2 cană coriandru tocat

METODĂ
a) Pregătiți seitanul. Preîncălziți cuptorul la 325 de grade
   Fahrenheit. Unge ușor o caserolă cu capac cu spray
   antiaderent. Combinați făină, drojdie nutritivă,
   condimente și praf de supă de legume într-un castron
   mare. Amestecați apa, sucul de lămâie și sosul de soia
   într-un castron mic. Adăugați ingredientele umede la
   ingredientele uscate și amestecați până se formează un
   aluat. Ajustați cantitatea de apă sau gluten după cum
   este necesar (vezi sfatul). Frământați aluatul timp de 5

minute, apoi formați o pâine. Se aseaza seitanul in caserola si se acopera cu 2 cani de bulion de legume. Acoperiți și gătiți timp de 40 de minute. Întoarceți pâinea, apoi acoperiți și gătiți încă 40 de minute. Scoateți seitanul din farfurie și lăsați-l să se odihnească până se răcește suficient pentru a fi manipulat.

b) Introduceți o furculiță în partea de sus a pâinii de seitan și țineți-o pe loc cu o mână. Folosiți o a doua furculiță pentru a tăia pâinea în bucăți mici și fărâmițate.

c) Pregătiți sosul de smântână. Topiți margarina într-o oală mare la foc mediu. Se amestecă făina cu un tel și se fierbe timp de 1 minut. Turnați încet bulionul de legume în timp ce amestecați constant până la omogenizare. Gatiti 5 minute, continuand sa bateti, pana ce sosul s-a ingroasat. Se amestecă smântâna și salsa verde, apoi se amestecă ingredientele rămase pentru sos. Nu lăsați să fiarbă, ci gătiți până se încălzește. Se ia de pe foc si se da deoparte.

d) Pregătiți enchiladas. Încinge ulei de măsline într-o tigaie mare la foc mediu. Adăugați ceapa și gătiți 5 minute sau până când devine translucid. Adăugați usturoi și ardei iute Serrano și gătiți încă 1 minut. Se amestecă seitan mărunțit, pasta de roșii, chimen, praf de chili și sare. Se fierbe 2 minute, apoi se ia de pe foc.

e) Preîncălziți cuptorul la 350 de grade Fahrenheit. Încălziți tortilla pe o tigaie sau în cuptorul cu microunde și acoperiți cu un prosop de bucătărie. Întindeți 1 cană de sos de smântână pe fundul unui vas de copt de 5 litri. Puneți o mică 1/4 de cană din amestecul de seitan mărunțit și 1 lingură Daiya pe o tortilla. Rulați și puneți în tava de copt cu cusătura în jos. Repetați cu tortillas rămase. Acoperiți enchiladas cu sosul de smântână rămas, apoi stropiți cu Daiya.

f) Coaceți enchiladas timp de 25 de minute sau până când clocotesc și se rumenesc ușor. Se lasa sa se raceasca 10 minute. Stropiți cu 1/2 cană de coriandru tocat și serviți.

98. V egan friptură de seitan umplut

Ingrediente

Pentru seitan:

- 4 catei mari de usturoi
- 350 ml bulion de legume rece

- 2 linguri ulei de floarea soarelui
- 1 lingurita Marmite optional
- 280 g gluten de grau vital
- 3 linguri de fulgi de drojdie nutritivă
- 2 linguri boia dulce
- 2 linguri pulbere de bulion de legume
- 1 lingură ace de rozmarin proaspăt
- ½ lingurita piper negru

Plus:

- 500 g umplutură vegană de varză roșie și ciuperci
- 300 g piure de dovleac picant
- Metric – obișnuit din SUA

Instrucțiuni

a) Preîncălziți cuptorul la 180°C (350°F/marca de gaz 4).

b) Într-un castron mare, amestecați glutenul de grâu vital, drojdia nutritivă, pudra de bulion, boia de ardei, rozmarin și piper negru.

c) Folosind un blender (blat sau imersie), amestecați usturoiul, bulionul, uleiul și Marmite împreună, apoi adăugați la ingredientele uscate.

d) Se amestecă bine până se încorporează totul, apoi se frământă cinci minute. (nota 1)

e) Pe o bucată mare de pergament siliconat, întindeți seitanul într-o formă vag dreptunghiulară, până când are o grosime de aproximativ 1,5 cm (½").

f) Ungeti generos cu piureul de dovleac, apoi adaugati un strat de umplutura de varza si ciuperci.

g) Folosind pergamentul de copt și începând de la unul dintre capete scurte, rulați cu grijă seitanul într-o formă de buștean. Încercați să nu întindeți seitanul în timp ce faceți asta. Apăsați capetele seitanului împreună pentru a sigila.

h) Înfășurați strâns bustenul în folie de aluminiu. Dacă folia este subțire, utilizați două sau trei straturi.

i) (Îl învelesc pe al meu ca pe un caramel uriaș - și răsucesc strâns capetele foliei pentru a nu se desface!)

j) Puneți seitanul direct pe un raft în centrul cuptorului și gătiți timp de două ore, răsturnându-l la fiecare 30 de minute, pentru a asigura o gătire uniformă și o rumenire.

k) Odată gătit, lăsați friptura de seitan umplută să se odihnească în ambalaj timp de 20 de minute înainte de a fi feliată.

l) Serviți cu legume tradiționale fripte, sos de ciuperci pregătit înainte și orice alte garnituri doriți.

100. Sandwich cubanez Seitan

Ingrediente

- Seitan prajit Mojo:
- 3/4 cană suc proaspăt de portocale
- 3 linguri suc proaspăt de lămâie
- 3 linguri ulei de masline
- 4 catei de usturoi, tocati
- 1 lingurita oregano uscat
- 1/2 lingurita chimen macinat
- 1/2 lingurita sare
- 1/2 liră seitan, feliat în felii groase de 1/4 inch

Pentru asamblare:

- 4 rulouri de sandviş vegan submarin (cu lungimea de 6 până la 8 inci) sau 1 pâine italiană vegană moale, tăiată pe lățime în 4 bucăți
- Unt vegan, la temperatura camerei, sau ulei de măsline
- Muştar galben

- 1 cană felii de murături cu pâine și unt 8 felii de șuncă vegană cumpărată din magazin
- 8 felii de brânză vegană cu gust ușor (se preferă cu aromă de brânză americană sau galbenă)

Direcții

a) Pregătiți seitanul: preîncălziți cuptorul la 375°F. Se amestecă toate ingredientele mojo, cu excepția seitanului, într-o tavă de 7 x 11 inci din ceramică sau sticlă. Adăugați fâșiile de seitan și amestecați pentru a se îmbrăca cu marinada. Se prăjește timp de 10 minute, apoi se răstoarnă feliile o dată, până când marginile se rumenesc ușor și mai rămâne puțină marinată suculentă (nu coace în exces!). Scoateți din cuptor și lăsați deoparte să se răcească.

b) Asamblați sandvișurile: feliați fiecare rulou sau bucată de pâine în jumătate pe orizontală și întindeți generos ambele jumătăți cu unt sau ungeți cu ulei de măsline. Pe jumătatea inferioară a fiecărei rulada, întindeți un strat gros de muștar, câteva felii de murătură, două felii de șuncă și un sfert din feliile de seitan și deasupra cu două felii de brânză.

c) Tamponați puțin din marinada rămasă pe partea tăiată a celeilalte jumătăți a ruloului, apoi puneți deasupra jumătății inferioare a sandvișului. Ungeți exteriorul sandvișului cu puțin ulei de măsline sau ungeți cu unt.

d) Preîncălziți o tigaie din fontă de 10 până la 12 inchi la foc mediu. Transferați ușor două sandvișuri în tigaie, apoi acoperiți cu ceva greu și rezistent la căldură, cum ar fi o altă tigaie din fontă sau o cărămidă acoperită cu mai multe straturi de folie de aluminiu rezistentă. Sandvișul la grătar timp de 3 până la 4 minute, urmărind cu atenție pentru a preveni arderea pâinii; dacă este necesar, reduceți puțin căldura pe măsură ce sandvișul se gătește.

e) Când pâinea pare prăjită, scoateți tigaia/cărămida și folosiți o spatulă largă pentru a răsturna cu grijă fiecare sandviș. Apasati din nou cu greutatea si gatiti inca 3 minute sau cam asa ceva, pana cand branza este fierbinte si se topeste.

f) Scoateți greutatea, transferați fiecare sandviș pe o placă de tăiat și feliați în diagonală cu un cuțit zimțat. Servește ho

CONCLUZIE

Tempeh oferă o aromă mai puternică de nucă şi este mai dens
şi mai bogat în fibre şi proteine. Seitanul este mai ascuns decât
tempeh, deoarece poate trece adesea drept carne datorită
aromei sale savuroase. Ca bonus, este, de asemenea, mai mare
în proteine şi mai scăzut în carbohidraţi.

Seitanul este cea mai puţin proteină pe bază de plante care
necesită cea mai mică cantitate de preparat. De obicei, puteţi
înlocui carnea cu seitan în reţete folosind o înlocuire 1:1 şi,
spre deosebire de carne, nu trebuie să încălziţi înainte de a
mânca. Una dintre cele mai bune moduri de a-l folosi este sub
formă de crumble într-un sos de paste.

Când vine vorba de tempeh, este important să marinaţi bine.
Opţiunile de marinadă pot include sos de soia, suc de lămâie
sau lămâie, lapte de cocos, unt de arahide, sirop de arţar,
ghimbir sau condimente. Dacă nu aveţi ore pentru a marina
tempeh-ul, îl puteţi aburi cu apă pentru a-l înmuia şi a-l face
mai poros.

Milton Keynes UK
Ingram Content Group UK Ltd.
UKHW030744121124
451094UK00013B/998